La fin des cacahouètes

© L'HARMATTAN, 2005
5-7, rue de l'École-Polytechnique ; 75005 Paris

L'HARMATTAN, ITALIA s.r.l.
Via Degli Artisti 15 ; 10124 Torino
L'HARMATTAN HONGRIE
Könyvesbolt ; Kossuth L. u. 14-16 ; 1053 Budapest
L'HARMATTAN BURKINA FASO
1200 logements villa 96 ; 12B2260 ; Ouagadougou 12
ESPACE L'HARMATTAN KINSHASA
Faculté des Sciences Sociales, Politiques et Administratives
BP243, KIN XI ; Université de Kinshasa – RDC

http://www.librairieharmattan.com
harmattan1@wanadoo.fr

ISBN : 2-7475-9266-9
EAN : 9782747592666

Pierre BIARNÈS

La fin des cacahouètes

L'HARMATTAN

Du même auteur

L'Afrique aux Africains. 20 ans d'indépendance en Afrique noire francophone, Armand Colin, 1981.

Les Français en Afrique noire de Richelieu à Mitterrand. 350 ans de présence française au sud du Sahara, Armand Colin, 1987.

Le XXIe siècle ne sera pas américain, Éditions du Rocher, 1998.

La mort de Paul. Et quelques réflexions sur l'euthanasie, First Éditions, 1999.

Un train de sénateur, chez l'Auteur, 2001.

Les États-Unis et le reste du monde. Les chemins de la haine. Chroniques de la dernière décennie, L'Harmattan, 2002.

Pour l'empire du monde. Les Américains aux frontières de la Russie et de la Chine, Ellipses, 2003.

À la mémoire de maître Paul Bonifay

Table des chapitres

Qui se souvient de *La Croix du Sud*? 9

Les aventuriers de l'*Aimable Blonde* 25

À l'ombre des arachidiers 49

Le charcutier de l'élite 81

Les cantines des coopérants 107

Qui se souvient de *La Croix du Sud* ?

Ces années-là, je travaillais pour *un grand quotidien du soir* dont j'étais le représentant en Afrique de l'Ouest, revenu sur des côtes que de lointains aïeux avaient fréquentées autrefois. Par jalousie, les confrères, alors, n'écrivaient jamais le titre de ce journal, ni même ne le prononçaient. C'était comme le nom indicible de Dieu ou le mot de cancer : « Le professeur Jean Giraudier est mort la nuit dernière des suites d'*une longue et cruelle maladie* ».

Au bar anglais de l'hôtel de *La Croix du Sud* à Dakar, à midi et en fin de journée, on rencontrait, en ces tout débuts des indépendances africaines, tous les gens qui comptaient dans la ville et beaucoup de voyageurs importants. Pour la plupart, c'étaient des Européens ; mais il y avait aussi des Noirs de la haute administration sénégalaise en train de se mettre en place et quelques Libanais du commerce. Je faisais partie du décor, nouant consciencieusement conversation avec ces notabilités qui cultivaient la confidence illusoire, l'anecdote sans grand intérêt et la dernière bonne histoire, toujours assez salace, de grands verres de whisky-soda à la main.

Des demi-mondaines tropicales traînaient aussi en ce lieu mythique. Deux métisses indochinoises : Lydie Mourrier, perpétuellement en chasse d'un mari, qui n'avait d'yeux que pour le beau Paul Soucail mais qui avait finalement mis le grappin sur Florio, le directeur du centre culturel italien qu'elle avait réussi à faire divorcer d'une fort jolie femme, et sa copine *Petit Cochon*, dont la bouche pulpeuse, aux lèvres retroussées, était encore plus suggestive que celle de Béatrice Shoenberg. Elle avait fait craquer Michelsen, le descendant d'une de ces quelques familles de négociants scandinaves implantés sur les côtes d'Afrique depuis la fin du XVIe siècle, comme les Petersen, les Christensen et les Norgaard. Et puis Gisèle qui avait eu tant d'amants qu'on avait donné son nom au

« neuf », un peu défoncé et très élargi, du golf de Cambérène, qui avait perdu son armature ! Ces dames occupaient d'ordinaire les *Chesterfield* du bar, à côté de vieux coloniaux survivants des temps anciens qui n'avaient pas regagné la métropole à l'âge de la retraite. Ceux-là étaient pour moi les plus intéressants des habitués. Ils n'en finissaient pas de raconter leurs souvenirs. Les plus âgés étaient arrivés au Sénégal au début du XXe siècle et ils avaient entendu leurs aînés à eux évoquer leur propre jeunesse, trente ou quarante ans plus tôt. Avec un peu de lecture et d'imagination, on se retrouvait vite aux lendemains immédiats de la Révolution et de l'Empire, et même avant, à Gorée, à Saint-Louis et dans les comptoirs du golfe de Guinée où la traite négrière était la plus active, alors qu'à cette époque Dakar, qui n'avait été créée qu'en 1857, sur l'emplacement d'un petit village de pêcheurs lébous, n'existait pas encore.

À la bonne saison, du retour des alizés, en novembre, à l'approche de l'hivernage chaud et humide, en mai, on retrouvait midi et soir à *La Croix du Sud* le vieux Chamussy, un ancien directeur général des établissements Maurel et Prom, qui avait débuté, vers 1905 à Saint-Louis, comme commis dans une boutique de cette vénérable maison alors déjà presque centenaire ; il y vendait du calicot et du bazin au *yard* pour les larges pantalons bouffants et les boubous des Africains. À plus de quatre-vingts ans, bien que parti à la retraite, lui, dans son Ariège natale, il revenait chaque année à Dakar, pour y retrouver une ancienne maîtresse « portugalaise », une jeunesse de quelque soixante printemps à la peau brune, originaire des îles du Cap-Vert.

Tous les jours, à midi un quart très exactement, arrivait Charles Graziani, que le chauffeur de sa grosse Mercedes bleu nuit avait laissé devant la porte. C'était un ancien mutin de la mer Noire, débarqué à Dakar dans les années 1920. Tout en participant activement à la création du premier parti socialiste sénégalais, il avait fait fortune dans la ferraille, la brique et le sucre (deux grands domaines, en Corse et en Sologne). On racontait qu'une nuit, dans ses premières années au Sénégal, il avait fait déboulonner par ses manœuvres, emporter et charger sur un cargo en partance pour le Brésil les rails d'une voie désaffectée du Dakar-Saint-Louis, ce qui avait failli lui valoir la prison. On l'accusait aussi, sans plus de preuve, d'avoir jeté sa première femme par le balcon ! Bref, ce n'était pas n'importe qui. Malgré sa fortune, il habitait toujours dans la maison de planches de ses débuts, avec un toit en tôle ondulée, meublée en « Louis Caisse », avec de grands brasseurs d'air, dans le quartier de la prison de Reubeus, à l'entrée de la Médina.

À longueur d'année, il portait encore le casque de liège, la toile toujours du même tissu et de la même couleur que celle de son pantalon et de sa chemise-veste : vert amande, marron chocolat ou kaki. Aussitôt installé au bar, on lui servait un Dubonnet, qu'il buvait lentement pour se faire la bouche. Puis il prenait coup sur coup deux grands verres de Casanis bien tassé, avant de passer à table dans la salle de restaurant tout à côté. Le soir, c'était whisky-soda, comme tout le monde. Sa large face était rubiconde, tirant sur le violet. Mais il avait passé les quatre-vingt-dix ans quand il est mort, assez soudainement, d'un cancer foudroyant du pancréas, plongeant tous ses amis dans l'affliction la plus profonde. Tout le pastis et le whisky qu'il avait bus auraient rempli la grande piscine du *Lido* du cap Manuel. Preuve absolue des vertus conservatrices de l'alcool.

Le maître des lieux, Émile Perras, était venu quant à lui au Sénégal à la fin des années 1920, dans des circonstances dont on ne parlait jamais. C'était un excellent cuisinier et il avait aussitôt connu le succès au vieil hôtel *Métropole*, qui avait été construit à la fin du siècle précédent dans le quartier du port, autour duquel la ville s'était d'abord développée après sa fondation. Pendant très longtemps, le *Métropole* était resté l'hôtel à la mode, le plus réputé même de toute la côte d'Afrique. C'est là que descendirent un moment les pilotes de l'Aéropostale, en train d'ouvrir la ligne de l'Amérique du Sud. Mermoz y avait alors ses habitudes et c'est en sa mémoire que le nom de son avion légendaire, la *Croix du Sud*, avait été donné au nouvel hôtel, très moderne alors, que Perras avait fait construire aussitôt après la guerre, en 1947, dans ce qui était devenu le nouveau centre d'un Dakar en pleine expansion, avenue Albert-Sarrault, tout près de la place Protêt, l'actuelle place de l'Indépendance. Pendant plus d'un quart de siècle, *La Croix du Sud* fut le haut lieu de la vie sociale dakaroise pour ceux qui avaient les moyens d'y descendre, d'y aller dîner ou de fréquenter son bar, derrière lequel officiait Jeannot avec beaucoup de talent et de gentillesse, au courant de tout mais ne parlant jamais de rien. L'après-midi, les dames de la bonne société pouvaient y rejoindre assez discrètement leurs amants. En fait, c'était sans grande importance, car tout le monde couchait avec tout le monde ou presque.

Mais, durant toutes ces années-là, la figure la plus emblématique de *La Croix du Sud* fut maître Paul Bonifay, un très brillant avocat d'affaires, adjoint de Lamine Guèye à la tête de la mairie de Dakar. Grand admirateur de Jaurès dont une photo était accrochée en bonne place dans son bureau, il avait joué un rôle important dans la création de la section SFIO du Sénégal en 1935, à la veille de l'arrivée au pouvoir du Front populaire. Aussitôt après la guerre et tout au long des années qui avaient suivi, jusqu'à l'indépendance, alors que bon nombre de fonctionnaires de la France d'outre-mer et même bien des gouverneurs étaient socialistes eux aussi, plusieurs dizaines de dirigeants de grosses entreprises industrielles et commerciales, qui l'insultaient quelques années plus tôt encore pour ses idées, lui avaient apporté leur clientèle, spéculant sur ses relations et son entregent. Bonifay, que les Sénégalais avaient surnommé affectueusement *Bouna Faye*, avait profité de l'aubaine, mais il n'était pas dupe. Le samedi à midi, il recevait chez lui, à l'apéritif (pastis ou whisky exclusivement, servis dans d'énormes verres), en compagnie de ses vieux camarades, tous ces patrons salariés des principales compagnies françaises sous les tropiques — on avait vite baptisé ces pittoresques rencontres hebdomadaires « l'Abreuvoir ». Régulièrement, il rappelait avec malice à ces importants la réalité et la fragilité de leur condition d'employés supérieurs révocables à merci. « Nous sommes tous des forçats du capitalisme », leur assénait-il, quand, pensant être vraiment arrivés, ils étalaient un peu trop leurs opinions réactionnaires en ce temple pourtant débonnaire de la social-démocratie tropicale où même les communistes, il y en avait quelques-uns, ne tenaient plus depuis longtemps leurs couteaux entre les dents. Comme bien d'autres, j'étais devenu son disciple, presque dès mon arrivée à Dakar, au printemps 1959, et il m'avait mis le pied à l'étrier, me suggérant simplement, le regard un peu moqueur, d'afficher avec moins d'agressivité juvénile mes idées, bien plus à gauche que les siennes, qui, en fait, l'amusaient.

On rencontrait à *La Croix du Sud* des dizaines d'autres personnages hauts en couleurs.

Il y avait « J.P. » Lissart qui dirigeait une petite entreprise de peinture en bâtiment et se pissait tout le temps dessus. Mais il présidait aussi aux destinées de *La Boule Amicale* et Bonifay, amateur éclairé de canulars, lui avait fait attribuer, à ce titre, les palmes académiques. (Après avoir organisé pour lui plusieurs opérations de

« sauvetage » — des quêtes discrètes et collectives, des sortes de tontine, qui avaient renfloué plusieurs d'entre nous en difficulté.) Et aussi Mémé Andréi, employé d'une compagnie d'assurances, qui, lui, avait eu droit à la Médaille du travail. Il ne foutait rien, si ce n'était se taper en toutes occasions la belle-sœur de son patron. Mais toujours dans les chiottes, lui assis sur le trône recouvert et elle le chevauchant. Pour un Corse, c'était une position bien moins fatigante que celle du missionnaire. Cet insigne surprenant pour un tel personnage lui avait été remis à « l'Abreuvoir », au milieu des vivats, par le consul de France lui-même, sous un grand drapeau blanc à tête noire de Maure, symbole de l'ancienneté et de l'intensité des relations entre l'île de Beauté et l'Afrique. Plus que jamais, le whisky et le pastis avaient coulé à flots. On avait chanté *L'Ajaccienne* à genoux : « Enfant prodige de la gloi-a-re, Napoléon, Napoléon ! ». Vers quatre heures de l'après-midi ce samedi-là, les survivants étaient sortis en cortège pour aller déjeuner chez Bertola, au *Colisée*, une grande brasserie située à quelque trois cents mètres du domicile du bon maître. Le ministre sénégalais de l'hydraulique, Mamadou Seck, marchait en tête, tenant des deux mains un grand drapeau bleu, blanc, rouge. Lui non plus, n'avait pas sucé que de la glace ! Moins de quarante-huit heures après, le lundi matin aux aurores, Senghor, informé de cette manifestation d'amitié franco-sénégalaise qu'il avait jugée excessive, l'avait remplacé à ces fonctions aquatiques par Magathe Lo. Cela ne s'invente pas.

Surgissent aussi de ma mémoire Jack Pecqueur, toujours flanqué de sa Camélia, aussi méchante que belle, qu'il avait ramassée on ne sait trop où. « À notre âge, vois-tu, il faut choisir, sa tête ou son cul, et, à te voir, on voit très bien ce que tu as choisi », avait-elle répliqué un soir à une de ses anciennes petites camarades devenue baronne d'Avard, épouse d'un banquier, qui, elle, avait mal vieilli. Jack Pecqueur était l'arrière-petit-fils du communard Constantin Pecqueur dont les descendants s'étaient établis au Gabon et en Oubangui-Chari, aussitôt après la conquête de ces territoires. Ils y avaient fait fortune. Une fortune que Jack et sa Camélia croquaient méthodiquement. Le jeune Bernard Tapie, devenu un proche de Bokassa (dont il reprendra le château dans la région parisienne), en avait racheté les derniers pans, un soir au *Plaza*, chez Tom de Vargas qui, tout en faisant le *pizzaïolo*, représentait la Lloyd Triestino et suivait de nombreuses affaires italo-sénégalaises. (C'est chez lui que, tous les jours, en fin de matinée, avant l'arrivée des clients, l'ambassadeur d'Italie, un ami de Bettino Craxi, qui sera plus tard inquiété par les juges de *Mano Pulite*, rencontrait discrètement les ministres sénégalais les plus importants pour lui — Finances et Économie, Travaux publics, Pêches et Agriculture, etc. — transformant le *Plaza* en Service commercial de sa Chancellerie.)

Raoul Follereau, « l'apôtre laïc des lépreux », qui passait à Dakar trois fois par an ; il portait toujours la Lavallière, était gourmand comme une chatte et ne saluait jamais personne : il devait penser que, à ce haut niveau de charité désintéressée, on ne se commet pas avec des Graziani.

D'un tout autre genre était un autre visiteur régulier, Bergé, notre consul honoraire en Gambie, où il était l'agent de la CFAO (la Compagnie française de l'Afrique occidentale). C'était un colosse, qui, en arrivant de Banjul par la route sur le coup de onze heures, se tapait, pour se refaire, six œufs sur le plat au jambon et une bouteille de Bordeaux, avant de passer au bar puis au restaurant. Il parlait un anglais merveilleux à l'accent ariégeois, ponctué de *Bastard !*, que même les Français du Sénégal les moins doués dans le maniement de la langue d'outre-Gambie comprenaient parfaitement. Je l'avais rencontré pour la première fois en 1965, la veille de l'indépendance de son petit pays d'adoption, à Bathurst qui allait retrouver peu après son ancien nom de Banjul. Ses bureaux étaient installés *Wellington street*, non loin de *Mc Carthy square*, dans une très ancienne caserne portugaise. En franchissant le seuil d'un immense porche, construit autrefois pour de lourdes voitures à chevaux, j'avais aperçu, sur la gauche, dans une petite pièce fermée par une porte à barreaux solidement cadenassée, un Africain qui remplissait des bouteilles de vin à partir d'un énorme tonneau. Quand, un peu plus tard, j'avais posé une question à ce sujet, Bergé m'avait tout simplement répondu : « Oh ! On a toujours fait comme ça. De cette façon, il ne peut boire que ce qu'il pisse ». C'était, on en conviendra, d'une grande sagesse et on ne pouvait qu'acquiescer.

Le bijoutier Valada, Grand Pilier de la confrérie locale du Tastevin, qui devait se pendre dans un bureau de l'aéroport où la douane, qui l'avait pris en flagrant délit de fraude (il tentait d'introduire clandestinement une trentaine de colliers dissimulés sous sa chemise et il avait été dénoncé par un de ses confrères), l'avait provisoirement enfermé pour la nuit. Quand trois semaines après, sa femme, qui vadrouillait en Autriche avec un amant et qu'on avait eu beaucoup de mal à retrouver, était enfin venue tenter de le reconnaître à la morgue, il était complètement décomposé. Tout le monde pensait que c'était Beaudrier, un autre bijoutier de la place, qui l'avait balancé, avant de prendre sa suite à la tête de la confrérie.

Gally, le directeur de la SICAP (la Société immobilière du cap Vert), qui, lui aussi, s'était suicidé (s'empoisonnant avec une très forte dose de nivaquine), pour une histoire de petits garçons qui l'avait amené à piquer dans la caisse. Cette soudaine disparition nous avait navrés car il n'y avait aucune homophobie parmi nous (maître Bonifay se permettant seulement quelques rares boutades bon enfant sur « ceux qui trouvent leur plaisir là où les autres s'emmerdent »).

Jagerschmidt, le patron du *Building Maginot*, qui se poivrait méthodiquement à longueur de journée avec Geneviève, sa seconde femme, au point qu'ils ressemblaient à deux aubergines tavelées.

Jacques Quartero, un ancien officier issu d'une des plus anciennes familles françaises d'Algérie (des Républicains déportés là-bas sous la monarchie de Juillet et qui avaient participé au défrichement et à l'assainissement de la Mitidja). Il avait renvoyé à l'ambassade toutes ses décorations (Croix de guerre, Légion d'honneur, Mérite colonial) le lendemain de la signature des accords d'Évian. Jusque-là, durant « les évènements », il avait passé ses deux mois de congés annuels à faire le coup de feu contre les *fellagahs*.

L'ancien « général de la Résistance » Jacques Baraqué, qui se prenait pour une barbouze et passait son temps à dénoncer auprès des militaires de notre ambassade les agissements de tous les agents de Moscou qu'il pensait avoir découverts. Avoir accepté de se rendre à une réception à l'ambassade soviétique vous rendait éminemment suspect à ses yeux, surtout si vous étiez connu pour avoir des idées progressistes. Relevant moi-même de ces deux rubriques, je me retrouvais en tête de sa liste de traîtres au service de l'Empire du mal. C'était très amusant et quand, pour des raisons professionnelles, il m'arrivait de rencontrer un vrai agent du SDEC, cela nous faisait beaucoup rire.

Le vieux photographe Marcel Labitte, du *Studio Labitte*, situé de façon évocatrice rue Félix-Faure (tous ses amis craignaient qu'il disparaisse soudainement, lui aussi, « avec sa connaissance », comme ce célèbre président de la Troisième République).

Le docteur Jean-Claude Bernou, qui soignait très bien nos crises de paludisme et qui nous débarrassait définitivement, tous les six mois, de nos amibes, au point d'avoir réhabilité l'amibiase dans les conversations de cocktails (« Oh, ne m'en parlez pas. Mon Léon, aujourd'hui, il y est allé trente-quatre fois ! »). Quand, deux à trois fois par an, j'allais le consulter, il me disait régulièrement, en conclusion de ses examens : « Mon Pierre, tu n'as rien. Mais tu es abondant ! » (Ces années-là, il est vrai, je taquinais le quintal !) Un jour le mari d'une de ses maîtresses du moment l'avait poursuivi jusqu'au bar, revolver au poing, et nous avions eu beaucoup de mal à maîtriser ce forcené, un Batave qui n'avait rien compris à nos modes de fonctionnement. Quelle histoire !

Et puis, le président de la Chambre de commerce Henry-Charles Gallenca, « le seul Maltais de l'Ordre de Malte », disait de lui perfidement le vieux Robert Delmas qui ne l'aimait pas. Personne ne savait par quelle intrigue Gallenca, qui n'était qu'un homme de sacs, de bâches et de cordes (il représentait à Dakar une filiale du groupe Saint-Frères), avait réussi à se faire nommer Chevalier de Dévotion et de Sainteté, alors qu'il ne possédait pas le moindre quartier de noblesse et qu'il n'était pas vraiment dévot. En revanche, c'était un excellent cavalier, car il avait la fesse lourde. Cela lui avait valu de séduire Myriam, la femme de Brice (le patron des dragages), une ancienne de la bande très délurée des « Pierrots Gourmands », à qui il donnait des cours d'équitation. C'est Gallenca qui m'avait fait venir en Afrique, pour lui servir de secrétaire, avant que Jean Lacouture, passant par là, me propose de travailler pour *Le Monde*.

Le professeur Dufour, celui dont les collègues affirmaient qu'il n'avait jamais réécrit son cours d'économie politique depuis son agrégation, en 1947, et dont maître Bonifay avait surnommé l'épouse « la Chorée boudeuse », parce qu'elle avait mauvais caractère, assurait, de son côté, avoir surpris plusieurs fois Robert Delmas en train de pisser accroupi derrière la Grande Mosquée de Dakar, parce qu'il avait opté pour la nationalité sénégalaise, afin de pouvoir conserver son mandat de député de la Casamance. Le fils de Robert Delmas, Pierre-Henri, un assureur, qui était mon ami le plus proche, arrivait, lui, à *La Croix du Sud* en fauteuil roulant, car, à trente-trois ans, il avait été frappé par la poliomyélite ; elle devait plus tard l'emporter.

Il y avait aussi *Aladin*. Sous la loi-cadre initiée par Gaston Defferre dans les années 1950, durant lesquelles le Sénégal ne jouissait que d'une « autonomie interne » et n'était pas encore tout à fait indépendant, c'était le procureur de la République auprès de la cour d'appel de Dakar. Mais tout le monde avait oublié son nom, ne l'appelant plus qu'*Aladin*, depuis le matin où un de ses collègues magistrats, poussant sa porte mal fermée, l'avait surpris à genoux, en train de besogner sa secrétaire, couchée sur son bureau, les cuisses largement écartées. *Aladin ou la langue merveilleuse.* L'histoire avait fait aussitôt le tour du Palais de justice et, à midi, au bar de *La Croix du Sud*, tout le monde la connaissait déjà. Grosse rigolade !

Je revois encore Solange, la tenancière de *Chez vous*, le bordel le plus chic de la ville qui, bien après l'indépendance, offrait encore des putes blanches à sa clientèle de toutes races et de toutes nationalités. Ancienne pute montante à Ziguinchor puis à Kaolak, Solange avait eu la chance d'épouser « Monsieur Alex » qui avait assuré ensuite sa promotion. Comme eût dit Jean Fourastié, nous vivions alors les Trente Glorieuses du cul, des années bénies, sans équivalent dans toute l'histoire de l'humanité, entre la syphilis guérissable et le sida inguérissable. Chaque semaine, le docteur Bernou, par ailleurs médecin personnel de maître Bonifay, visitait l'établissement, pourchassant de bénignes chaudes-pisses et achevant ainsi d'assurer notre tranquillité à tous. La réouverture de *Chez vous* après d'importants travaux avait été marquée par une fête mémorable, qui s'était déroulée une nuit entière. Dans le salon flambant neuf, faiblement éclairé et empli de la musique langoureuse que diffusait une nouvelle sono, les filles de Solange avaient assuré gentiment le service, faisant visiter leurs chambres à tous ceux qui en manifestaient le souhait, y compris aux épouses, très curieuses. De six heures du soir à six heures du matin, le Tout Dakar français, civil et militaire, avait défilé. Bigeard lui-même, qui commandait alors notre armée de terre au Sénégal, était venu faire un tour, avant de plonger, en tenue, dans la piscine ! « Allez ! Les p'tits gars. » On remarquait aussi, ce soir-là, la présence de plusieurs hauts magistrats et d'importants responsables de la police. Solange arrivait tous les jours à *La Croix du Sud* vers midi et demi, en compagnie de Monique, sa sous-maîtresse, et de l'une de ses pensionnaires méritantes qu'elle aérait ainsi un peu — c'était à tour de rôle. Un jour, je lui avais dédicacé un de mes livres : « À Solange qui, elle aussi, défend vaillamment les positions françaises sur les côtes d'Afrique ».

Ah ! J'allais oublier Robert Bourdeau, le directeur d'une compagnie de distribution de gaz, la Satam, que nous appelions de ce fait *Satan*. À moins de cinquante ans, ce petit rondouillard qui avait des joues inférieures le faisant ressembler à un hamster, toujours à grignoter des cacahouètes entre deux whiskies, a été emporté, lui, par la cirrhose ; mais, avant cette fin programmée, il nous avait bien fait rigoler, le Robert. Un soir, alors qu'il venait juste d'être opéré des hémorroïdes, ses copains l'avaient sorti de sa chambre d'hôpital pour l'amener dans la grande salle à manger en rotonde de *La Croix du Sud*, où il avait fait une entrée très remarquée, dans un large pantalon de zouave bleu clair à la sénégalaise, un *tiaya*, porté sur les épaules de deux compatissants qui voulaient protéger ainsi son trou de balle. Au grand étonnement, pincé, de bien des dîneurs, dont beaucoup se considéraient comme de la *gentry*, le petit cortège avait traversé toute la salle, jusqu'à une table réservée à l'avance où un fauteuil ferme recouvert de coussins moelleux attendait le cautérisé de frais. Un joueur de *Kora* avançait en tête. Maître Bonifay fermait benoîtement la marche. Au dessert, le bon maître avait prononcé un discours en latin, qui nous avait permis de découvrir l'étendue de ses connaissances médicales : en ressortait son admiration pour Pasteur, qui a dit un jour que « le vin est la plus saine des boissons ».

Aujourd'hui, presque tous ces vieux amis sont morts. Chamussy, de vieillesse. Perras, d'un cancer, comme Graziani. Jeannot d'une crise cardiaque, alors qu'il venait juste de prendre sa retraite. Et Bonifay, d'avoir trop brûlé la chandelle par les deux bouts ; il était finalement retourné à Marseille d'où il était venu quarante ans plus tôt, pour y finir ses jours auprès du « Trésor », sa femme, qui avait beaucoup de mérite. Solange, elle, a été assassinée il y a une quinzaine d'années, d'une balle dans la tête, probablement parce qu'elle en savait un peu trop sur quelques trafics. Seul Bernou est toujours là.

Quand je retourne encore à Dakar, je ne vais plus, depuis longtemps, prendre un verre à *La Croix du Sud*. Supplantée par de grandes usines à touristes, elle n'est plus que l'ombre de ce qu'elle était dans ma jeunesse (même si, me dit-on, sa table a retrouvé, ces toutes dernières années, son niveau d'autrefois) et je n'y reconnaîtrais plus personne. Sur les lieux d'autrefois, la nostalgie est insupportable.

Toutes ces années-là, il est vrai, je fus le benjamin de cette bande joyeuse et pathétique de vieux briscards, portés sur le cul et sur la picole mais surtout sur l'amitié, reconstituant à ma façon, à travers leurs récits interminables qui conjuraient la tristesse du temps qui passe, la longue histoire des Français du Sénégal.

    Durant bientôt quatre siècles, des hommes jeunes se sont succédé dans ce coin d'Afrique, se passant le relais. Bien peu y étaient nés ; guère plus y restaient jusqu'à leur mort, sauf si celle-ci était accidentelle ou s'ils avaient été victimes d'endémies incurables, comme la terrible fièvre jaune. Leur œuvre peut être considérée aujourd'hui comme ambiguë, les ombres se disputant aux rayons de lumière. Il serait malhonnête, cependant, de ne pas les juger d'abord en fonction des réalités de leur temps. Le passé imprègne le présent, et on peut penser que le futur ne l'effacera pas complètement. Mais, quoi qu'il en soit, quoi qu'il advienne, ce qui a été a été.

Les aventuriers
de l'*Aimable Blonde*

« Toute cette histoire, racontait souvent Chamussy, a commencé en 1820, à bord de la goélette l'*Aimable blonde*, que commandait le capitaine Biarnès » — le rejeton d'une de ces vieilles familles de négriers qui avaient beaucoup de mal à se résigner à la fin alors irrémédiablement programmée de leur fructueux négoce. Bien sûr, l'ancien jeune vendeur de calicot ne parlait que de l'histoire de la vieille compagnie coloniale, la société Maurel et Prom, dont les tout jeunes fondateurs (Hubert Prom n'avait que quinze ans et son cousin Hilaire Morel guère plus) étaient arrivés au Sénégal sur la légendaire goélette et dans laquelle s'était déroulée toute sa carrière, de commis à directeur général, une histoire qu'il confondait avec celle des Français au Sénégal, ce qui était quand même un peu exagéré.

À vrai dire, les Français avaient commencé à fréquenter les côtes du Sénégal, et même au-delà, jusque dans le golfe de Guinée, dès la fin du XVIe siècle, c'est-à-dire plus de deux siècles avant l'événement que le vieux Chamussy ne s'en obstinait pas moins à considérer comme fondateur. Les marins français d'alors, pour la plupart des aventuriers de sac et de corde, y avaient rejoint assez vite ceux du Portugal qui les avaient devancés, mais seulement pour leur propre compte, sans aucun soutien de leurs rois qui, vaguement informés, se contentaient de les laisser faire, alors que, depuis près d'un siècle déjà, c'étaient les souverains de la dynastie d'Aviz qui, sous l'impulsion de Jean le Navigateur, avaient commandité l'envoi des blanches caravelles à la croix rouge pattée faire le tour de l'Afrique, jusqu'à l'océan Indien puis jusqu'en Chine et dans le Pacifique.

À la Cour de France comme dans toutes les autres de l'Europe d'alors, on avait en ces temps-là d'autres préoccupations, et l'expansion sur les côtes d'Afrique n'était pas du tout une priorité ; on n'y songeait même pas.

L'Espagne, à la différence du Portugal, n'avait pas encore achevé sa *Reconquista*. La France était déchirée par les guerres de religion, avant de s'embarquer dans celles d'Italie. L'Angleterre se perdait dans la guerre des Deux-Roses. L'Allemagne n'existait pas, ni l'Italie. Il n'y avait guère qu'en Hollande et autour de la Baltique, au Danemark, en Suède et au Brandebourg, qu'on était en mesure de suivre les initiatives des Portugais. Les marins français étaient donc totalement livrés à eux-mêmes, et ils devaient le rester jusqu'à la fin du règne de Louis XIII, après que Henri IV, entre sa participation à une messe à Notre Dame et son assassinat par Ravaillac, se fut fait remballer par Sully, lorsqu'il avait émis l'idée de créer des compagnies à charte royale, pour faciliter les navigations françaises au loin, comme avaient déjà commencé à le faire les Hollandais et les Anglais : « Labourages et pâturages, s'était-il entendu répondre par son surintendant des finances, voilà, Sire, les deux mamelles de la France, nos vraies mines d'or du Pérou ». Un Pérou qui avait enrichi fabuleusement l'Espagne, avant de la ruiner.

En 1642 cependant — l'année de la « légalisation » de la traite des Noirs à destination des Antilles, juste quelques mois avant la mort du cardinal de Richelieu, qui devait être suivie de celle du roi l'an d'après — avaient finalement été créés Saint-Louis, au Sénégal, et Fort-Dauphin, à Madagascar, ainsi dénommés en l'honneur du futur Louis XIV. Durant le long règne de celui-ci et sous l'impulsion de Colbert, la France devait enfin entreprendre de rattraper son retard. C'est alors qu'avait vraiment commencé son aventure africaine, tout d'abord au Sénégal.

Reprenant les idées d'Henri IV, Colbert avait suscité la création d'une compagnie à Charte, la Compagnie du Sénégal, que, pendant près d'un siècle et demi et sous diverses appellations, l'État avait tenue à bout de bras, sans grand succès. La bourgeoisie des ports de l'Atlantique ne s'y était presque jamais intéressée. À Rouen, à Nantes ou à Bordeaux, on n'avait pas l'esprit aventureux et on était d'abord soucieux d'acquisitions de terres, surtout quand des titres de noblesse leur étaient attachés. On ne s'y adonnait guère à la traite négrière qu'à travers des intermédiaires interlopes. Dans ces conditions, le roi devait se résigner à faire appel à l'argent de la haute noblesse de la Cour, plutôt fauchée, et, surtout, à puiser dans sa cassette. C'était très insuffisant pour financer ces entreprises ultra-marines (on en trouvait aussi aux Amériques et dans l'océan Indien), malgré les privilèges régaliens qui leur étaient attachés et le monopole de la traite dont elles bénéficiaient — celle des épices, de la gomme et, surtout, du « bois d'ébène ». Leurs personnels étaient de ce fait très insuffisants, médiocres et de moralité douteuse, décimés, en outre, dans des proportions effarantes, par les fièvres, la chiasse et la vérole (un gros tiers des nouveaux arrivants périssaient dans l'année), tandis que leurs conseils d'administration parisiens, pléthoriques, étaient peuplés d'incompétents. Dans ces conditions, les banqueroutes et les faillites se succédaient, sous le regard amusé des Anglais qui, à chaque crise, avançaient leurs pions. Finalement, à la suite de la guerre de Sept Ans puis des guerres de la Révolution et de l'Empire, la France avait perdu tous ses comptoirs sur la côte d'Afrique. Il allait falloir repartir à zéro. Ce devait être l'œuvre de la Restauration, puis du Second Empire. Dans des conditions aussi difficiles qu'auparavant, car les Français, hormis une poignée de leurs dirigeants, notamment ceux qui étaient à la tête de la Marine et qui avaient une revanche à prendre sur les Anglais, se désintéressaient toujours de l'entreprise. « Colonies (nos) : se lamenter quand on en parle », pouvait-on lire dans le *Dictionnaire des idées reçues* de Gustave Flaubert, écrit dans les années 1870, alors que, cependant, la conquête militaire de l'Afrique était déjà bien avancée.

Mais, à vrai dire, la plupart des habitués du bar de *La Croix du Sud* comme les autres Français du Sénégal, ignoraient à peu près tout de cette longue histoire. Seuls quelques noms émergeaient dans leurs conversations. Le chevalier de Boufflers et ses amours tumultueuses avec Éléonore de Sabran, à Versailles, et la belle *signare* Anne Pépin, à Gorée, dont il était le gouverneur avant la Révolution française. Son successeur le baron Roger, à Saint-Louis, après celle-ci. Faidherbe, un peu plus tard — « Le créateur du Sénégal moderne », répétaient-ils tous, comme des perroquets. Et, enfin, le lieutenant de vaisseau Protêt, le fondateur de Dakar, qu'ils confondaient avec un de ses homonymes, le commandant Protêt, mort d'une flèche empoisonnée lors de la prise de Carabane, en Casamance, en 1836, et qui s'y était fait « enterrer » debout, dans un bloc de béton, une petite vitre permettant de voir son visage en décomposition, avec, juste en dessous, une inscription martiale qu'on peut encore distinguer aujourd'hui sur la stèle à présent complètement cimentée : « Casamançais, attention ! Même mort, je vous ai à l'œil ! »

Pour les Français du Sénégal, le *Chevalier de Boufflers*, c'était tout d'abord une « Hostellerie » d'un ocre rouge vif, la seule auberge de Gorée ces années-là, admirablement située au fond de la petite rade de l'île. Ils paraissaient s'imaginer que c'était l'ancienne résidence du célèbre gouverneur, disparue cependant depuis fort longtemps, et ils s'y précipitaient tous, à peine descendus du vieux *Saint Charles,* accueillis avec gentillesse par Maurice, dont un torticolis maintenait la tête en équerre permanente du côté de son épaule gauche, et Mimi, sa compagne, rouge comme une pivoine. Tous deux passaient leur temps à boire et à se disputer. Mais, en attendant que la bouillabaisse fût prête, ils préparaient des tartines de poutargue inoubliables (des œufs de mulet séchés importés en bâtons de Mauritanie, râpés puis mélangés avec du beurre, du citron et du piment, la crème ainsi obtenue étant étalée sur de petites tranches de pain grillées). Tandis que les femmes papotaient sur les dernières aventures de leurs meilleures copines, leurs maris, l'esprit plein de fantasmes, et le muscadet aidant, parlaient inlassablement de « Gorée la joyeuse » au XVIIIe siècle finissant, un temps où notre chevalier partageait ses jours entre son courrier fort spirituel à son amante restée à Versailles, qu'il épousera plus tard, sous la Révolution, et ses brûlantes amours insulaires.

Boufflers était un aimable dilettante, criblé de dettes et auteur de poésies légères très appréciées à la Cour. Il n'avait accepté ce poste lointain de gouverneur du Sénégal que pour se refaire financièrement et épouser ensuite son amie. Mais il avait refusé de résider à Saint-Louis, le chef-lieu de la colonie, qu'il jugeait ennuyeux, et il s'était installé à Gorée de fait beaucoup plus drôle et où il n'avait rien à foutre. Éléonore de Sabran, qui ne se désolait pas trop de son côté et qui n'était pas dupe, répondait à ses lettres sur le même ton que les siennes : « Sois constant tout au moins si tu ne m'es fidèle. Pense à moi souvent dans les bras de ta belle. » Des mœurs très libérées en somme, comme on dirait aujourd'hui, et nos bons Dakarois, tout aussi délurés et ne rêvant que de culs, se retrouvaient avec délectation dans ces anciennes histoires.

Anne Pépin était alors la plus superbe métisse de l'île et, de plus, elle était fort riche, avec en permanence une centaine de « pièces d'Inde » enchaînées, enfermées au rez-de-chaussée de sa demeure (l'actuelle « maison des esclaves »), en attente d'embarquement. Elle n'avait donc rien à demander au gouverneur désargenté, qui s'en trouvait fort aise, hormis l'honneur d'être sa maîtresse affichée. À la tombée de la nuit, revêtue de ses plus beaux atours, elle allait rejoindre son amant, ses jeunes *rapereilles*, aussi couvertes d'or que leur maîtresse, lui faisant escorte, précédées d'autres esclaves « domestiques », attachés à sa maison, porteurs de flambeaux. Au petit matin, elle rentrait chez elle, dans le même apparat, pour vaquer à ses fructueuses affaires. C'était une sacrée nature.

Mais cette superbe gueuse, aussi intelligente que belle, n'était pas sans rivales. L'histoire a retenu les noms d'une dizaine d'entre elles. Caty Louette, la maîtresse du capitaine Aussenac, à qui elle servait de prête-nom pour ses affaires, dans les années 1760-1770, puis leur fille Rosalie Aussenac ; Doña Catarina, qui, une dizaine d'années plus tôt, était, à Rufisque, la représentante du *damel* du Cayor ; Marie Laboure, qui fut un temps, à Saint-Louis, la plus importante propriétaire de bateaux transporteurs d'esclaves ; Mary de Saint-Jean, qui était sa grande rivale en ce négoce. Et, aussi, Cora, la « mulâtresse de Bourbon » et « Nini », qui se voulait « plus blanche que les Blancs » et qu'a moquée Abdoulaye Sadji dans son plus célèbre roman. Mais plusieurs centaines d'autres eurent aussi leurs heures de célébrité.

Les *signares* (du portugais *senhora*) étaient d'ordinaire des métisses, issues des premières fréquentations européennes sur les côtes de Sénégambie et du golfe de Guinée depuis la fin du XVe siècle ; mais, parfois, c'étaient aussi des femmes noires, filles de familles enrichies par la traite et familiarisées avec la langue et les mœurs françaises, d'ordinaire baptisées. (On dénommait ces familles catholiques des *Gourmets*, un autre mot d'origine portugaise). À une époque où il était interdit aux femmes européennes de suivre leurs jeunes maris, ceux-ci ne pouvaient que tomber dans les filets de ces *signares* — ce qui était bien mieux pour eux que de forniquer avec n'importe quelles filles sans discernement. Elles les stabilisaient et leur offraient une vie familiale normale, des repas réguliers et bien préparés, les ressources de la pharmacopée africaine. Bref, elles les aidaient à survivre, tout en les assistant dans leurs affaires, par leur bonne implantation sociale dans la vie locale.

Surtout, elles étaient belles, échauffant les esprits et le reste. *Nigra es, sed pulcherina*, chantait déjà l'*Ecclésiaste*, trois siècles avant notre ère, bien avant que Senghor ne les célèbre à son tour, dans *Nocturnes* : « Signare, je chanterai ta grâce, ta beauté/ Des maîtres de Diong j'ai appris l'art de tisser tes paroles plaisantes/ Paroles de pourpre à te parer, princesse noire d'Élissa ». Bien avant lui, Jean-Baptiste Durand, un directeur de la Compagnie du Sénégal, notait dans une de ses lettres : « Elles sont belles, douces, tendres et fidèles. Il y a dans leur regard un certain air d'innocence et dans leur langage une timidité qui s'ajoute à leur charme. Elles ont un penchant invincible pour l'amour et la volupté ». Quant à Pierre Loti, beaucoup plus tard, dans son *Roman d'un Spahi*, paru à la fin du XIXe siècle, il évoquait, lui qui était cependant peu porté sur les dames, la négresse Fatou Gaye, son héroïne, comme « un fruit savoureux du Soudan, mûri hâtivement par le printemps tropical, gonflé de ses sucs exotiques, rempli de voluptés malsaines, enfiévrées, inconnues ». Ces fantasmes sont encore très vivaces de nos jours et ils enflammaient l'esprit des dîneurs de l'*Hostellerie du Chevalier de Boufflers*, à Gorée.

De ces unions, célébrées très cérémonieusement, « à la mode du pays » — c'est-à-dire pour la durée seulement du séjour du Blanc au Sénégal mais celui-ci laissait son nom à ses enfants, ainsi que ses biens à leurs mères, qui, redevenues célibataires, se remettaient souvent sur le marché —, était issue une société métisse qui allait vite devenir socialement la vraie maîtresse du pays, derrière les gouverneurs envoyés de France. S'en étaient dégagées quelques familles de puissants notables, alliées entre elles, dont quelques descendants sont encore très présents et très actifs aujourd'hui, dans le Sénégal indépendant, après avoir contrôlé les mairies de Gorée et de Saint-Louis tout au long des XVIIIe et XIXe siècles, malgré l'abolition de l'esclavage qui, cependant, les avait ruinés pour la plupart : les Saint-Jean, les Crespin, les Valantin, les Guillabert, les Bancal, les d'Erneville, les Potin, les Angrand, les Huchard, etc. Auxquelles s'étaient ajoutées quelques familles « anglaises », apparues à Gorée ou à Saint-Louis dans les périodes de retrait français : les O'Hara, les Patterson, les Dodds, les James, entre autres. Plusieurs de ceux-ci, ou leurs fils, tels le sergent Paul Hole, « le défenseur de Médine », ou le général Dodds, le conquérant du Dahomey, vainqueur du roi Béhanzin — dont on a donné le nom à un délicat arbuste de jardin, aux tons dégradés vert, blanc et rose — s'illustrèrent ensuite dans la conquête française, derrière Faidherbe, Gallieni et Archinard. En 1848, sous l'éphémère Seconde République, un mulâtre saint-louisien, Durand-Valantin, fut même élu député du Sénégal à Paris, alors qu'il était couvert de dettes — ce qui ne l'avait pas empêché de se faire tailler un très bel uniforme ! (« Un habit de drap bleu de roi, rapportait la chronique de l'époque, garni de boutons d'argent, comme les collets, poches et parements brodés d'argent, eux aussi, avec triple liseré uni ; une ceinture tricolore à frange d'argent, encore ; un chapeau à la française sans plume mais garni d'une ganse et de boutons d'argent, évidemment ! »)

Un bon nombre des chefs de ces grandes familles métisses, notamment ceux qui étaient mêlés aux luttes politiques municipales, étaient francs-maçons. En 1774, ils avaient créé une première loge à Saint-Louis, *L'Avenir du*

Sénégal. C'étaient des esprits progressistes, soucieux d'égalité — ce qui, pour eux, signifiait tout simplement la libéralisation totale, en leur faveur, du commerce des Noirs en direction des Antilles et donc la dissolution de la vieille Compagnie du Sénégal qui, depuis Colbert, en avait le monopole, les contraignant impitoyablement à passer par elle pour expédier leurs marchandises, au prix de commissions exorbitantes. En 1789, le frère Cornier, maire de la ville (une institution créée sous la première occupation anglaise, en 1764), avait fait de cette revendication, capitale pour eux, le thème quasi unique des Cahiers de doléances qu'ils avaient adressés aux États généraux. Un gros patafar qui était plutôt mal tombé à Paris où la Révolution était en train d'éclater et où le Grand Architecte de l'Univers ne partageait pas vraiment leurs vues sur la question ! Burlesque malentendu, qui n'empêchera pas Senghor de considérer ces Cahiers de doléances comme le premier manifeste indépendantiste du Sénégal contre sa métropole. Une façon de voir qui fournissait à mon vieil ami le conteur Birago Diop une occasion de se foutre une fois de plus du Président-poète, chantre de la « négritude », qu'il n'aimait pas beaucoup.

Cette prééminence absolue des mulâtres dura jusqu'à l'arrivée des « Bordelais », qui étaient, en fait, pour la plupart des Ariégeois — les « Aventuriers de l'*Aimable blonde* » —, après les guerres de la Révolution et de l'Empire. Elle se prolongera même beaucoup plus longtemps par des mariages mixtes entre les anciennes familles saint-louisiennes et les nouveaux arrivants. Parmi bien d'autres, on peut citer les Descemet, les Carrère, les Devès, les Chaumet, les Vézia, les Teisseire (dont l'ancêtre Auguste Teisseire avait épousé Marianne d'Erneville, qui lui avait apporté une dot fastueuse). Leurs lointains descendants s'étaient ensuite presque tous « reblanchis » par des mariages qui n'étaient plus de couleur et ils n'aimaient pas beaucoup qu'on évoquât encore ces épisodes fondateurs initiaux de leurs fortunes, dans la *gentry* européenne des années 1960 dont ils étaient souvent devenus des membres en vue — même quand ils commençaient à tirer le diable par la queue, harcelés par de jeunes banquiers venus de France, peu sensibles à leurs arbres généalogiques.

Mais si, pour les Français du Sénégal de mes premières années à Dakar, le grand homme de Gorée était le chevalier de Boufflers et son « Hostellerie », pour eux, le plus illustre des Saint-Louisiens était le baron Roger et sa « folie ». La « folie » du baron Roger, qui gouverna un temps le Sénégal sous la Restauration, était une gentilhommière à la façon du XVIIIe siècle finissant. Il l'avait fait construire tout près de Dagana, un peu au-delà de l'embouchure du fleuve, où il prétendait installer la future capitale du Sénégal mais elle était tout simplement sa garçonnière où il organisait des parties fines. Laissée à l'abandon depuis longtemps, elle est aujourd'hui très dégradée, envahie par la végétation et colonisée par les varans. Mais, depuis des décennies, tous les Dakarois qui vont passer quelques jours à Saint-Louis ne manquent pas de s'y rendre en pèlerinage, après une nuit au campement de Richard Toll (le « Jardin — *toll*, en oualof — de Richard »), là où le « jardinier » Richard, un agronome avant la lettre, avait créé, sous les ordres de Roger, un jardin d'acclimatation. Roger croyait, en effet, au développement agricole de la vallée du Sénégal — on y croit aujourd'hui encore, après y avoir cependant dépensé, en bientôt deux siècles, beaucoup d'argent, sans résultats réellement probants. Mais, dans les années 1960, Richard Toll et sa « folie », à la différence de Gorée, ce n'était quand même pas un des hauts lieux du tourisme africain, et ce ne l'est toujours pas.

Nos valeureux aventuriers de l'*Aimable blonde* durent, en fait, se débattre plus de trente ans dans un Sénégal déprimé et morose, avant de commencer à réaliser leurs rêves de jeunesse de « faire fortune sur la côte d'Afrique » — quand ils n'étaient pas morts ou n'avaient pas fait faillite entre-temps !

Quand Boufflers s'en était allé, en décembre 1788, après avoir passé deux ans à glander et à tuer son ennui à Gorée, avec la belle Anne Pépin, il avait laissé la petite communauté désenchantée dont il avait eu la charge à son adjoint, le lieutenant-colonel Blanchot de Verly, qui allait être l'homme du Sénégal pendant la Révolution et une grande partie de l'Empire. À l'homme de cour désinvolte avait succédé un vieux militaire animé du sens du devoir et bien intégré à la population dont il avait su se faire aimer, malgré la dureté des temps. Il s'était marié « à la mode du pays » et avait eu plusieurs enfants, qu'il avait reconnus.

Avec très peu de moyens, pratiquement abandonné par Paris, il avait tenu la colonie à bout de bras jusqu'à sa mort sur place, à Saint-Louis, en 1807, où il avait réinstallé son gouvernorat. Mais les Anglais, maîtres à peu près incontestés des mers depuis le désastre de Trafalgar en 1805, n'avaient cessé de harceler les comptoirs français du Haut-Fleuve et de la Petite-Côte, installés le siècle précédent. Dès 1800, ils s'étaient même emparés de Gorée et, en juillet 1809, Saint-Louis était tombée à son tour. La France était totalement éliminée du Sénégal, qui ne lui fut restitué par Londres qu'au début de la Restauration, par les traités qui avaient mis fin aux guerres napoléoniennes, avec toutefois beaucoup de réserves (les Anglais s'étaient notamment réservé le droit de continuer à traiter la gomme à Portendick, au nord de Saint-Louis, sur la côte mauritanienne).

En janvier 1817, un nouveau gouverneur français, le colonel du génie Julien Schmaltz, rescapé du naufrage de la *Méduse*, avait repris possession de Saint-Louis, et le mois suivant de Gorée. C'était un homme d'expérience et de caractère. Il avait bourlingué pendant des années, le long des côtes d'Afrique et dans l'océan Indien et, surtout, il avait servi à Java où il s'était initié aux méthodes coloniales des Hollandais — ce qui l'avait fait remarquer du baron Portal, le ministre de la Marine et des Colonies du début de la Restauration, ou, plutôt, d'un conseiller de celui-ci, qui l'avait connu en Insulinde, le comte de Hogendrop, un ancien général d'Empire d'origine hollandaise. Pour ceux qui, à Paris, commençaient alors à songer à repartir de l'avant outre-mer après le désastre de 1814, la mode, en effet, était à la Hollande.

En décidant de se réinstaller au Sénégal, et, secondairement, dans le golfe de Guinée, le gouvernement de la Restauration était bien conscient du fait que les temps avaient changé ; la longue phase américaine de l'Afrique noire était révolue ; le commerce des esclaves qui, sous l'Ancien Régime, avait fait la prospérité de ses comptoirs d'Afrique en même temps que celle des plantations des Antilles, ne pouvait être repris ; c'était sur d'autres ressources que, dans leur propre intérêt et celui de la métropole, les pays concernés devaient désormais asseoir leur vie économique, et ce n'était que par l'emploi sur place de la main d'œuvre locale, et non plus en expédiant celle-ci au-delà des mers, que l'on y parviendrait. Puisqu'il n'était plus possible de fournir de la main d'œuvre aux plantations d'Amérique, il fallait créer des plantations en Afrique, là où se trouvait la main d'œuvre — en y transplantant des méthodes qui avaient déjà fait leurs preuves aux Indes néerlandaises. Mais ceci impliquait que l'on tournât résolument le dos à la politique assez peu coûteuse des comptoirs (achat de gomme arabique et de quelques autres produits de cueillette — sans parler des Noirs qui, en valeur, avaient représenté jusque-là autour de 90 % de ce négoce — et vente, en retour, de tissus, notamment de toiles bleues, dites « de Guinée », de bimbeloteries diverses, d'alcool et de fusils avec leurs munitions). En compensation de la fin de la traite négrière, il fallait se lancer dans de véritables entreprises de colonisation plus onéreuses mais qui, selon les concepteurs de cette nouvelle politique, représentaient l'avenir. Ces nouvelles conceptions sous-tendaient les instructions qui avaient été remises à Schmaltz en partance pour le Sénégal, puis à Roger, qu'on avait doté, lui, de plus de moyens, en hommes de qualité notamment.

Mais leur mise en œuvre allait se heurter pendant plusieurs décennies à bien des obstacles et connaître de nombreux déboires. Schmaltz, puis le baron Roger et une trentaine d'autres gouverneurs, dont la durée de séjour n'excéda pas plus de six mois en moyenne, allaient, pendant plus de vingt ans, s'y casser les dents. Nos jeunes Bordelais du début des années 1820, puis ceux qui les suivirent les années suivantes, malgré les piètres résultats de leurs aînés, se retrouvaient piégés, dans une situation passablement complexe qu'ils ne pouvaient pas maîtriser.

Les commerçants de Saint-Louis et de Gorée, pour la plupart métis et très souvent apparentés entre eux, parmi lesquels ils avaient atterri à l'inconscient, en étaient restés, en effet, aux anciennes conceptions. En abolissant la traite des esclaves, presque aussitôt après les avoir débarrassés de la Compagnie du Sénégal et de son monopole, la Révolution les avait rapidement déçus. Si, après l'occupation anglaise, ils avaient accueilli le retour de la France avec joie, c'était surtout parce qu'ils en attendaient une relance des affaires à la mode d'autrefois, estimant qu'ils en seraient à présent les principaux bénéficiaires. Entre cette petite élite locale et la nouvelle administration envoyée par Paris, il y avait donc, dès le départ, un gros malentendu. Celui-ci allait se prolonger pendant plus de deux décennies, les métis s'opposant avec succès aux nouvelles idées des fonctionnaires qui ne savaient du reste trop que faire. Ceux-ci étaient parvenus assez vite à mettre un terme à la traite des Noirs — tout en tolérant le maintien de l'institution des esclaves de case, au demeurant à la grande satisfaction de ces derniers qui, sinon, se seraient retrouvés sans emplois ni ressources. Mais ils ne parvenaient pas à convaincre leurs administrés de se lancer dans d'autres spéculations pourtant, selon eux, tout aussi rentables. La culture du coton, de l'indigo et du sucre, à laquelle Schmaltz puis Roger avaient songé, s'était vite avérée des échecs, car les terres au-delà immédiat de Saint-Louis étaient trop sèches et surtout trop salées (du fait de la remontée annuelle des eaux de l'océan). Et puis tout cela était bien trop fatiguant pour tous ces mulâtres qui ne savaient guère que se chamailler entre eux, malgré leurs cousinages, sauf quand il s'agissait de rouler l'administration.

Très attachés à la perception de leurs « coutumes » (un vieux mot français, d'où est sorti l'anglais *custom* — douane), les chefs locaux qui dominaient les escales commerciales le long du fleuve étaient très hostiles, eux aussi, à cette nouvelle politique qui ne pouvait que les ruiner. Ils faisaient donc cause commune avec les traitants qu'ils rançonnaient mais avec lesquels ils trouvaient toujours le moyen de s'arranger

Quelques progrès porteurs d'avenir avaient néanmoins été réalisés.

De la quinine avait été distribuée aux garnisons du Sénégal dès 1822, deux ans seulement après sa découverte par Pelletier et Caventou, et les morts par paludisme avaient rapidement diminué. Un peu plus tard, de petits bateaux à vapeur avaient beaucoup facilité la remontée du fleuve, par la flottille armée des traitants, à la période des hautes eaux, jusqu'à la riche province aurifère du Galam, aux portes du Soudan.

Un enseignement de type moderne avait, d'autre part, été lancé, tout d'abord grâce à la venue des sœurs de Saint-Joseph de Cluny, qui avaient à leur tête une femme remarquable, sœur Anne-Marie Javouhey. (Louis-Philippe dira d'elle, un jour, en lui remettant la Légion d'honneur : « La Mère Javouhey ! Mais c'est un grand homme ! ») Puis, vingt ans plus tard, étaient arrivés les frères de Ploërmel, pour s'occuper des garçons.

Le baron Roger avait joué un rôle très actif dans l'implantation des sœurs de Cluny, bien que franc-maçon notoire. (Il avait honoré de sa présence, revêtu de son tablier et en gants blancs, le rallumage des feux de la loge de Saint-Louis, qui s'était mise en sommeil sous la Révolution et l'occupation anglaise : sous le ministère de Villèle, il fallait le faire !)

À peu près au même moment, le gendre de Schmaltz, Jean Dard, avait créé, à l'intention des jeunes musulmans, l'École, laïque, des fils de chefs, appelée aussi l'École des otages. Cela, aussi, avait été un succès.

Les frères de Ploërmel avaient eu cependant la main moins heureuse que les sœurs de Cluny et que Jean Dard. Les trois premiers mulâtres qu'ils avaient envoyés en France dans un séminaire et qui y avaient été ordonnés prêtres — Jean-Pierre Moussa, Arsène Fridoil et David Boilat — avaient beaucoup fait jaser à leur retour au pays. Le premier fut accusé de courir le jupon, le second de trop aimer la bouteille et le troisième d'entretenir des relations incestueuses avec ses nièces. Finalement, l'École des frères de Ploërmel avait été fermée.

Mais, même sous les tropiques, les voies du Seigneur sont mystérieuses et, quoi qu'il en soit, des élites modernes, dans laquelle l'administration du Sénégal recrutera ses premiers auxiliaires indigènes, sortiront de ces institutions dix à quinze ans plus tard.

Tout n'était donc pas négatif au Sénégal, lorsque, dans les années 1840-1850, deux événements, l'un d'ordre économique, l'autre politique, allaient survenir et en faire, enfin, un pays moderne. Les Bordelais, qui jusque-là n'avaient pas brillé par grand-chose (au point que, dans son œuvre majeure, publiée en 1921, *La mise en valeur du Sénégal de 1817 à 1854*, l'historien Georges Hardy ne mentionne aucun d'eux !), devinrent alors les principaux initiateurs et bénéficiaires de ces deux événements. Comme quoi, le vieux Chamussy n'avait pas tout à fait tort, ainsi qu'on va le voir, quand, tout en lutinant sa « Portugalaise », chaque année, à la saison fraîche qui le faisait abandonner pour quelques mois sa retraite ariégeoise, il affirmait, au bar de *La Croix du Sud*, que l'histoire des Français au Sénégal avait commencé avec l'arrivée à Saint-Louis et à Gorée des fondateurs de l'honorable maison Maurel et Prom où il avait fait toute sa carrière.

Alors que la gomme, dont la traite avait été pendant longtemps la plus gratifiante, après celle des Noirs, perdait de son intérêt pour l'apprêt des tissus, depuis la découverte d'un produit chimique de substitution, la dextrine, la cacahouète allait sortir le Sénégal de son marasme économique et en faire rapidement la plus prospère des colonies françaises d'Afrique pour plus d'un siècle, jusqu'au développement, plus au sud, en Guinée, en Côte-d'Ivoire et au Cameroun, des plantations de café, de cacao et de banane.

Dès la fin des années 1820, les Bordelais, nouvellement arrivés mais pas plus tentés que les mulâtres par les « nouvelles cultures » préconisées par le Gouvernement (le sucre, le coton et l'indigo), avaient commencé à s'intéresser aux plantes oléagineuses, en particulier à l'une d'entre elles, l'arachide, qu'ils appelaient la « pistache de terre » (sa plante, de quelque trente centimètres de haut, ressemble à celle des pommes de terre, avec les cosses de ses graines enfoncées sous le sol, tout près de la surface) et qui servait de nourriture d'appoint au mil dans la cuisine sénégalaise, après avoir été importée du Brésil par les Portugais dès le XVIe siècle. Les nouveaux colons avaient découvert sa riche teneur en huile, et aussi la facilité à la cultiver, sans grands efforts et pratiquement sans encadrement. Dès 1834, la jeune maison Devès et Chaumet avait sollicité en vain du gouverneur du Sénégal l'attribution gratuite d'une indigoterie toute neuve mais désaffectée, pour construire à sa place une première huilerie à Saint-Louis. Puis, une dizaine d'années plus tard, un négociant marseillais du nom de Jaubert, installé à Dakar et disposant de quelques moyens personnels, avait repris l'idée à son compte et, en 1848, il avait réussi à exporter à Rouen une première cargaison de son huile, alors que, l'année précédente, celle de la fondation officielle de Dakar, le gouverneur Protêt, avait prophétisé, dans son discours inaugural : « Les arachides vont sauver le Sénégal ! » Après cela, les choses étaient allées très vite, tous les Bordelais, qui avaient conservé de solides relations en France, se lançant dans l'aventure, avant que les mulâtres, qui ne seront plus ensuite que leurs sous-traitants (acheteurs primaires des graines, qu'ils stockaient dans leurs *seccos* — de petits enclos — avant de les revendre aux grandes maisons dont ils dépendaient et qui possédaient les décortiqueries et les huileries en France ou au Sénégal) aient le temps de se retourner, tandis que les Ariégeois, poussés à s'expatrier par leur compatriote le gouverneur Pinet-Laprade, allaient s'abattre sur le pays, comme un vol de mange-mil — une vraie ruée vers l'or. Les Maurel, les Prom, les Buhan, les Teisseire, les Devès, les Chaumet, les Peyrissac (dont l'ancêtre portait de doux nom de Chéri) avaient mené le train, suivi des Martres, des Soucail, des Delmas, des Pélofi, des Graulle et des Cathala, entre autres. Dans tout le Sénégal on pouvait voir, au-dessus de l'entrée de leurs magasins, des enseignes en tôle émaillée bleu marine, avec, en lettres blanches, le nom de leurs maisons. Hilaire Maurel avait même donné son prénom au sarcloir traditionnel à long manche des paysans sénégalais, l'*îler*, qu'il faisait fabriquer en France et importer par bateaux entiers. Puis, sa famille, comme celle des Delmas, s'était dotée d'une flotte personnelle — contrôlant ainsi tout le circuit des arachides, de la récolte au Sénégal jusqu'aux huileries de Bordeaux — les bateaux ramenant, au retour, des marchandises européennes, d'ordinaire assez frustes, pour les Sénégalais. Son fils, Émile Maurel, était même devenu le président de la toute nouvelle Banque du Sénégal, le premier Institut d'émission du pays.

Culture industrielle mais ne nécessitant qu'un très faible encadrement, essentiellement commercial, l'arachide permettait de surmonter le dilemme « colonie de comptoir, colonie de plantation » sur lequel on butait depuis 1817 : l'amorce de sa large diffusion en milieu rural annonçait pour les marchandises européennes de grande consommation l'apparition d'un marché d'une importance sans commune mesure avec celui qu'engendraient la gomme, les autres produits de cueillette ou les plumes d'autruche. Il ne restait plus, maintenant, qu'à élargir ses zones de culture et, tout d'abord, à les sécuriser. Ce devait être la tâche de Faidherbe, et les Bordelais allaient également jouer un rôle décisif dans sa nomination à la tête du Sénégal, en 1854.

En 1854, le chef de bataillon du génie Louis Léon César Faidherbe avait trente-six ans et il servait au Sénégal depuis deux ans déjà, sous les ordres de Protêt. Polytechnicien raide et studieux, officier pauvre, cet homme du Nord aux cheveux blonds, originaire de Lille, était déjà mangé par les fièvres et le soleil ; sa maigreur osseuse, qu'accentuaient son nez crochu, ses grosses moustaches et ses lunettes de fer lui avaient rapidement valu, auprès des Saint-Louisiens, le surnom de « vieille momie ». Sans pouvoir se marier « à la mode du pays », car l'institution avait été abolie en 1830, il n'en vivait pas moins en concubinage avec une charmante négresse de Podor dont il avait eu un fils qu'il avait reconnu et auquel il avait même donné non seulement son nom mais aussi un de ses prénoms, Léon, le faisant ensuite entrer dans l'armée. Mais le jeune homme, devenu lieutenant, était mort des fièvres, à l'âge de vingt-deux ans, et Faidherbe n'eut pas d'autres descendants connus, quoi qu'on en raconte encore aujourd'hui.

Fils d'un volontaire de 1792, il passait, en ces premières années du Second Empire, pour cultiver des idées républicaines et pour être affilié à la franc-maçonnerie. Il nourrissait, d'autre part, une amitié admirative pour Victor Schœlcher, qu'il avait connu à la faveur d'une affectation à la Guadeloupe. C'est là qu'il avait assisté à la proclamation de la Seconde République et à celle de l'abolition de l'esclavage. Mais on lui reconnaissait une telle valeur technique et morale que ces convictions progressistes n'avaient pas fait obstacle à sa nomination à la tête du Sénégal. Au demeurant, bien que jeune encore, il avait déjà fait ses preuves. De 1842 à 1847, il avait notamment servi en Algérie, où il avait acquis une bonne connaissance du monde musulman et où, surtout, il s'était initié aux fonctionnements des « bureaux arabes » — origine des « cercles » qu'il créera plus tard au Sénégal, pour rationaliser son administration, et qui seront mis en place, ensuite, dans toutes les colonies françaises, au fur et à mesure de la progression de la conquête. Gallieni, notamment, les transposera au Soudan, puis à

Madagascar. En 1853, il avait poussé vers le Sud, en Côte-d'Ivoire, où il avait fait bâtir Dabou. En 1854, juste avant d'être nommé gouverneur du Sénégal, il venait de reconstruire et d'armer, en six semaines, le fort de Podor, en prélude à l'action de reprise en main de toute la vallée du fleuve, harcelée par les Maures et par les Toucouleurs.

C'est à la demande des principaux négociants bordelais de Saint-Louis, qui avaient eu le temps de l'apprécier malgré ses idées, que Faidherbe avait été nommé par le nouveau ministre de la Marine et des Colonies de Napoléon III, Théodore Ducos, de même origine qu'eux (comme, déjà, le baron Portal, sous la Restauration). Dans la longue lettre qu'ils avaient envoyée à Paris par l'intermédiaire de Protêt et à laquelle Faidherbe avait mis sa patte, tout était dit.

« Le Sénégal est difficile à gouverner, car le Sénégal n'est pas un comptoir comme on affecte dédaigneusement de le dire, mais bien une véritable colonie ; non pas une colonie comme la Martinique, la Guadeloupe et La Réunion, où l'on n'a qu'une administration intérieure d'une importance limitée, mais une colonie qui commande à un vaste continent... En général, les gouverneurs ne restent pas, en moyenne, plus d'un an et demi à deux ans à la tête de l'administration : comment peut-il être possible de gouverner avec des changements aussi fréquents ? »

Faidherbe devait en fait rester près d'une dizaine d'années à la tête du Sénégal, de 1854 à 1861, puis de 1863 à 1865, et, en dix ans, il allait effectivement faire des comptoirs démunis et des escales léthargiques et menacées dont il héritait une véritable colonie qui commanderait ensuite pendant près d'un siècle, si ce n'est à un vaste continent, tout au moins à une immense région. « Créateur du Sénégal moderne », Faidherbe, tout d'abord, le pacifia, par les armes (créant pour cela un bataillon de Tirailleurs sénégalais qu'on retrouvera ensuite sur tous les fronts de la conquête et dans les deux grandes guerres franco-allemandes de 1914 et de 1940). Puis il l'unifia. Tous ceux qui s'opposaient à son dessein furent écrasés. L'émir du Trarza, Mohamed el-Habib, et la reine sénégalaise du Walo, la reine Djim Both, son épouse, que les Français appelaient la reine « Gimbote » — deux adversaires qui prenaient Saint-Louis et le Bas-Fleuve en tenaille. Le calife toucouleur El Hadj Omar Tall, surtout, qui, plus à l'Est, à cheval sur le Sénégal et le Soudan, avait construit un immense et redoutable empire fondé sur un islam radical. Le *damel* du Cayor, Lat Dior, enfin, qui, en pleine zone arachidière, s'opposait à la construction sur ses terres d'une ligne de chemin de fer destinée à relier Saint-Louis à Dakar. Il multiplia aussi les missions vers la Guinée, la Mauritanie et le Niger.

Républicain convaincu, admirateur de Schœlcher, Faidherbe était devenu un authentique conquérant et fondateur d'Empire. Ambiguïté, déjà, de toute la conquête coloniale française, au nom des valeurs de la République et dont Jules Ferry, le « Tonkinois », par ailleurs principal promoteur de l'enseignement public et laïc en France, sera la figure la plus emblématique.

À l'ombre des arachidiers

En 1914, à l'approche de la guerre, les Français des colonies y vivaient presque tous avec bonne conscience, comme si le temps s'y était définitivement arrêté et si leur prééminence sur les indigènes ne devait jamais être remise en question.

En Afrique noire, leurs petites communautés, dispersées sur un territoire quatorze fois plus étendu que celui de la métropole, n'avaient pas fondamentalement évolué depuis la conquête, même si elles s'étaient étoffées et si leurs conditions d'existence s'étaient peu à peu améliorées.

Les colonies françaises d'Afrique occidentale et équatoriale ne furent jamais des colonies de peuplement. Jusqu'à la seconde guerre mondiale, les Français d'origine métropolitaine (auxquels s'ajoutaient les ressortissants des quatre vieilles « communes » du Sénégal — Dakar, Gorée, Saint-Louis et Rufisque — et quelques rares naturalisés des autres territoires) n'y furent jamais très nombreux. En fait, excepté dans une dizaine de petites villes côtières qui furent lentes à se développer et malgré de réels progrès, les conditions de vie y restèrent jusqu'au bout frugales et souvent franchement difficiles. Pendant très longtemps, le climat y fut réputé, non sans raisons, insalubre pour les Européens que décimaient régulièrement la redoutable « bilieuse hématurique », une forme aggravée de paludisme, que la quinine était impuissante à guérir et qui rendait noire l'urine des mourants, le choléra, dont l'une des plus illustres victimes fut le gouverneur Pinet-Laprade en 1869, et la fièvre jaune, dont les terribles épidémies tuaient en quelques jours des dizaines de Français, pris de l'épouvantable *vomito negro*, et dont la dernière frappa Dakar en 1927. (Cette année-là, « sentant sa mort prochaine », comme le riche laboureur de La Fontaine, un commerçant du quartier Kermel, racontait-on encore dans mes jeunes années dakaroises, avait fait placer son cercueil à l'entrée de sa boutique, tel un faire-part un tout petit peu anticipé.) La tardiveté et la relative faiblesse de l'essor économique restreignirent presque jusqu'à la fin de cette longue période les possibilités d'embauche et les opportunités de création de petites entreprises individuelles, tandis que les sols peu propices aux cultures de type européen n'attirèrent pratiquement jamais de colons, excepté, sur le tard, en Guinée et plus au sud, dans quelques grandes plantations de fruits tropicaux. Pour toutes ces raisons, il n'y eut jamais en France un engouement pour l'Afrique noire comparable à celui dont bénéficia l'Afrique du Nord, en outre beaucoup plus proche, notamment l'Algérie où s'installèrent à demeure, à la même époque, avec femmes et enfants, plusieurs centaines de milliers d'Européens. Quand, faute de pouvoir aller ailleurs outre-mer, on venait travailler en Afrique tropicale, ce n'était jamais avec l'intention de s'y établir de façon définitive ; on y faisait simplement carrière, si possible sa vie active durant, assez rarement fortune, et, l'âge de la retraite arrivé, on rentrait finir paisiblement sa vie au pays. Les vieilles familles « bordelaises » présentes au Sénégal depuis la première moitié du XIXe siècle — les Maurel, les Delmas, les Vézia, les Chavanel, et aussi les Devès, les Chaumet, les Buhan et les Teysseire (qui s'étaient, eux, un peu métissés) — y avaient rarement fait souche ; à chaque génération, elles allaient se reproduire sur les bords de la Gironde, comme les anguilles dans la mer des Sargasses. Du reste, jusque dans les années 1920, il n'y eut que très peu de femmes blanches au Sénégal, en Guinée, en Côte-d'Ivoire, au Dahomey ou au Congo et *a fortiori* dans les colonies plus déshéritées de l'intérieur ; même ensuite, les hommes continuèrent d'y effectuer leurs premiers séjours en célibataires, surtout dans le commerce où les chefs de maison ne permettaient à leurs employés européens de se marier, généralement en métropole, qu'après quatre ou six ans de service (la durée des séjours aux colonies était de deux ou trois ans). En 1921, il n'y avait encore, sur 32 440 habitants, que 1 661 Européens à Dakar, cependant capitale fédérale de l'AOF (l'Afrique occidentale française) depuis la fin du XIXe siècle, et, en 1926, que 2 939 sur 33 670 ; en 1936, alors que la croissance de la ville s'accélérait fortement, on en dénombrait à peine 5 000 pour un total de 92 000 habitants. Au même moment, à Brazzaville, leur nombre ne dépassait guère le millier. Dans les autres villes de l'AOF, de l'AEF (l'Afrique équatoriale française) et des anciennes colonies allemandes du Cameroun et du Togo, passées sous mandat français à la suite de la première guerre mondiale, on ne les comptait que par centaines. On en trouvait en revanche quelques dizaines, souvent moins, dans presque toutes les petites localités de chaque colonie — administrateurs, commerçants, missionnaires, réseau serré et fragile à la fois de la présence française. Au total, à la veille de la seconde guerre mondiale, toutes catégories confondues, ils n'étaient pas 30 000 dans les deux fédérations et dans les deux territoires sous mandat, en face de plus de vingt millions d'indigènes, soit une proportion de 1,5 pour mille seulement par rapport à l'ensemble de la population qu'ils dominaient !

En dehors des fonctionnaires de commandement et des officiers, qui étaient presque tous issus de la petite bourgeoisie, la plupart de ces Français étaient d'origine modeste. La grande majorité d'entre eux venaient des régions les plus pauvres du midi de la France. L'Ariège et les Pyrénées-Orientales, notamment, en fournissaient de gros contingents, en particulier au Sénégal (au point que, disait-on, à Prades et dans bien d'autres localités de ces deux départements, les réunions des conseils municipaux, contrôlés par les anciens d'Afrique, se tenaient en ouolof).

Entre tous ces coloniaux, les clivages étaient innombrables. Ceux du Sénégal — la « colonie mère » de toutes les autres et aussi la plus riche et la mieux équipée — s'estimaient d'une essence supérieure. Ils n'avaient que du mépris pour leurs compatriotes du golfe de Guinée, qui ne se livraient pas comme eux à la traite noble entre toutes, celle de l'arachide ; en particulier, ils regardaient de haut les forestiers de la Côte-d'Ivoire et du Gabon, qu'ils considéraient comme des aventuriers inquiétants et de vulgaires parvenus et qu'ils jugeaient sévèrement pour la façon ostentatoire dont ils claquaient leur argent à l'escale de Dakar, sur le chemin de leur retour en congés. Une barrière presque infranchissable séparait, d'autre part, les fonctionnaires des commerçants — celle de la meilleure éducation et du statut sécurisant et valorisant des premiers par rapport aux mœurs plus frustes et à la situation beaucoup plus précaire de la plupart des seconds. Au sein de la fonction publique elle-même, les administrateurs avaient le pas sur tous les fonctionnaires des services techniques et si, en brousse, par la force des choses, ils les fréquentaient assez régulièrement en dehors du temps de travail, en revanche, ils ne se commettaient qu'assez peu avec eux dans les chefs-lieux. Comme dans l'armée, les différenciations de grades et d'ancienneté jouaient aussi un très grand rôle. Dans le secteur privé, les rapports n'étaient pas meilleurs entre les chefs des vieilles maisons « bordelaises », qui étaient presque toutes restées des affaires familiales, et les directeurs salariés des grandes compagnies anonymes, telles la SCOA (la Société commerciale de l'Ouest africain) ou la CFAO (la Compagnie française de l'Afrique occidentale), qui s'étaient constituées au début du siècle et qui tendaient à supplanter les premières ; ni même entre ces deux groupes, qui captaient à leur profit l'essentiel des crédits bancaires indispensables à la traite et dont les dirigeants avaient d'assez bonnes entrées auprès des hauts fonctionnaires, et les commerçants indépendants, qui se débattaient bien souvent dans de graves difficultés et qui étaient toujours prompts à dénoncer la collusion de l'administration avec leurs puissants rivaux. Avant d'accéder à des postes de réelles responsabilités, les employés de ces maisons de commerce, enfin, surtout ceux des plus importantes d'entre elles, étaient confinés de longues années dans un statut nettement inférieur : contraints au célibat sous peine de perdre leurs emplois (leurs patrons ne voulant pas supporter tout de suite les frais de transport et de logement de leurs familles, et, jugeant, d'autre part, que la présence de celles-ci ne pouvait que nuire à leur capacité de travail), ils étaient hébergés de façon tout à fait sommaire, mangeaient ensemble « en popote », souvent même en réfectoire (à heure fixe, le chef de comptoir présidant la table), restaient de longs mois, pendant la traite, sans congé hebdomadaire, réglaient leurs frais de sorties (au bar, au restaurant, au dancing et même au bordel) en signant des « bons » dont le montant était amputé de leur solde, assez maigre au début et qui ne leur était souvent versée qu'au moment de leur départ en congés. Un univers, en fait, séparait ces « Bardamu », exploités-exploiteurs du capitalisme colonial, malgré tout pour la plupart contents de leur sort, de la haute fonction publique sortie de « Colo » (la prestigieuse École coloniale !). Quelques petits hôteliers et restaurateurs et quelques boutiquiers donnaient une note un peu plus colorée à ce paysage humain contrasté mais, tout compte fait, plutôt terne. Dans les chefs-lieux et les principales villes, des chambres de commerce — dont les autochtones (à l'exception des originaires des « quatre communes » du Sénégal) et les étrangers non français, en particulier les

Libano-Syriens, très décriés par les petits commerçants européens qu'ils concurrençaient durement, étaient exclus — arrivaient quand même à harmoniser vaille que vaille ces intérêts contradictoires, tout en confortant la position prééminente des grandes compagnies. Ces rivalités socio-économiques débouchaient, d'autre part, au plan mondain, sur une vie de « clans » d'une extrême complexité, agitée par de constants problèmes de préséance et de protocole dès que, tout de même, en quelques occasions, surtout dans les petits postes, on se rencontrait et que les femmes étaient présentes. Qui, de Mme Maurel et Prom ou de Mme CFAO, le commandant de cercle devait-il placer à sa droite ? Et qui, du chef d'arrondissement des Travaux publics ou du receveur des Postes, à celle de son épouse ?

Au fur et à mesure que ces communautés françaises s'étoffaient, elles tendaient à vivre de plus en plus à l'écart des Africains, surtout à partir du moment où, entre les deux guerres, les femmes européennes commencèrent à rejoindre leurs maris en beaucoup plus grand nombre qu'autrefois, chassant les maîtresses noires ou métisses — finies les *signares* ! —, qu'il n'était plus du tout de bon ton ni même simplement toléré d'afficher. Dans les chefs-lieux des colonies, de véritables quartiers européens s'étaient développés peu à peu, en bord de mer ou sur des « plateaux » relativement aérés, après que les petits villages africains qui s'y trouvaient d'ordinaire antérieurement eurent été « déguerpis » par rachat à leurs chefs pour des bouchées de pain ou sous divers prétextes (ainsi les petits villages lébous du plateau de Dakar, transportés dans l'actuelle Médina en 1914, après ceux de la zone portuaire quelques décennies plus tôt, pour permettre, officiellement, de mieux lutter contre des épidémies qui les ravageaient).

Dans les petites villes du golfe de Guinée, comme Conakry, Grand-Bassam, Cotonou ou Libreville, ces quartiers européens se limitaient, en fait, à un boulevard maritime, à deux ou trois avenues et à une dizaine de rues. Le long de ces artères, bordées de cocotiers, se pressaient, un peu en retrait, les bâtiments à un étage avec une galerie extérieure de l'administration, les factoreries et les boutiques du commerce, deux ou trois cents maisons carrées à vérandas, couvertes de tôle, avec tout autour de larges volets à persiennes à demi relevées, pour assurer à la fois courant d'air et pénombre contre la moiteur étouffante du dehors. Beaucoup de ces maisons étaient construites en dur, avec des murs épais blanchis à la chaux, d'autres en planches, peintes en vert ou en marron, ou bien en briques jaunes, avec des armatures métalliques noires reposant sur des soubassements de pierre ; certaines étaient montées sur pilotis, pour mieux se protéger de l'humidité et des rongeurs. Le mobilier, de fabrication locale, était massif et strictement fonctionnel, de grosses cantines métalliques tenant souvent lieu d'armoires. C'était le style « Louis Caisse » ! L'arrivée, plutôt tardive, de l'électricité avait fait progressivement disparaître l'éclairage avec des lampes à acétylène ou à pétrole et permis l'installation de grands brasseurs d'air aux plafonds, qui avaient remplacé, au-dessus des têtes, les *pankas* (de grands éventails de rônier dotés d'un système de cordes et de poulies et actionnés du pied par un *boy* allongé par terre, le *boy-panka* — un système venu des Indes et des colonies anglaises) ; mais, hormis cette innovation, ces bâtiments et ces demeures des petites villes de la côte, que l'on retrouvait presque à l'identique dans les postes secondaires de l'intérieur, ne différaient guère des premières constructions européennes des débuts de la colonisation au XIXe siècle. Au Soudan, au Niger, au Tchad, de climat sec, les toits en terrasse des maisons en forme de fortin, surmontés de grands réservoirs d'eau, remplaçaient ceux de tôle ; et les acacias, les prosopis et les flamboyants prenaient la place des cocotiers, badamiers et caoutchoucs. Partout, la vie était, tout compte fait, plutôt morne, et tournait autour du commerce, l'administration fonctionnant un peu à part, les yeux fixés sur les tableaux d'avancement. Les distractions étaient assez rares, se limitant souvent à l'apéritif au « cercle », quand il y en avait un, ou dans les deux ou trois petits restaurants en vogue du lieu, où l'on buvait beaucoup — de l'absinthe, des vermouths et, pour les grandes occasions, du champagne. Chaque célibataire avait chez lui sa petite bonne à tout faire, sa *fatou* ou sa *mousso*, mais sortait seul avec ses amis, organisant avec eux, les soirs de grosses rigolades, d'énormes repas à l'envers, qui commençaient par les liqueurs et se terminaient par les anis. Parfois, dans les grandes occasions, un jeune garçon, le « *boy* suceur », allait et venait, accroupi sous la table camouflée par une grande nappe tombant jusqu'à terre. Tous ceux dont le visage tressaillait au moment de la secousse devaient payer une tournée de champagne à toute la compagnie. (Beaucoup plus tard, à l'automne 1989, un samedi à « l'Abreuvoir », lorsque j'ai quitté le Sénégal — où je reviens néanmoins de temps en temps, comme le vieux Chamussy autrefois —, j'ai relevé cette tradition du repas à l'envers, tombé depuis longtemps en désuétude, sans « *boy* suceur » sous la table, tout de même...) Puis, pendant des jours, on avait la « soudanite » (ou, selon le pays, la « gabonite » ou la « congolite »), un immense cafard, qui donnait la migraine et rendait nerveux, agressif, presque fou — on le chantait même : « C'est la soudanite/ C'est pis que la cuite/ C'est la mélinite/ Plein le ciboulo ».

En fait, jusqu'en 1939, il n'y eut guère qu'une seule véritable ville en Afrique noire française : c'était Dakar.

Fondée en 1857 par le capitaine de vaisseau Protêt, commandant supérieur de Gorée, Dakar ne s'était tout d'abord développée que très lentement, malgré les efforts énergiques déployés ensuite, pendant une dizaine d'années, par le commandant puis colonel du génie Pinet-Lagrade, à qui la ville doit notamment son premier plan cadastral, établi en 1862, et ses premières installations portuaires, inaugurées en novembre 1866 par les paquebots de la ligne du Brésil des Messageries maritimes impériales qui, quelques mois plus tôt, y avaient constitué un dépôt de charbon et ouvert un hôtel moderne, « admirablement situé sur les quais », disait le prospectus d'ouverture, « et offrant aux passagers : salons, chambres à coucher, salle de billard, chevaux de selle, embarcations, etc. » (très bien conservé jusqu'à aujourd'hui, le bâtiment de cet ancien « hôtel des messageries », qui est le plus vieil édifice de Dakar, a abrité jusqu'à tout récemment une école supérieure de secrétariat). Saint-Louis, qui demeura la capitale administrative du Sénégal (et aussi celle de la Mauritanie) jusqu'en 1957, avait freiné pendant longtemps l'essor de Dakar ; et aussi Rufisque, principal point d'arrivée, sur la baie bien abritée de la presqu'île du Cap-Vert, des pistes qui drainaient l'arachide du Cayor, du Baol, du Sine et du Saloum : tout en se réservant des concessions dans la future métropole, les négociants de Gorée avaient préféré construire, autour de sa large rade foraine, leurs wharfs de rôniers imputrescibles et leurs grands entrepôts de pierres plates taillées dans le calcaire avoisinant. Les « pistachiers » (comme on désignait couramment alors les traitants qui s'adonnaient au commerce de l'arachide, que les « Ariégeois » — venus en très grand nombre à l'appel du gouverneur Pinet-Laprade, leur plus illustre compatriote — appelaient, on l'a vu, « pistache de terre ») avaient aussi doté de quelques moyens d'embarquement les escales fluviales ou maritimes de Foundiougne, sur le Saloum, et de Mbour, Nianing, Joal et Pordudal, sur la Petite-Côte. De 1870 à

1885, Dakar avait stagné autour de 1 500 habitants, restant essentiellement une ville de garnison et de fonctionnaires à la recherche de logements. En 1875, y transférant lui-même ses bureaux, le chef d'arrondissement de Gorée et dépendances, le colonel Canard (une espèce de Bigeard, qui avait débuté comme « trompette » lors de la prise de Kaolack), notait dans un rapport : « Tranquillité parfaite, toujours très peu d'habitants européens ou mulâtres. Il n'y a ici ni bottier, ni tailleur, ni perruquier ; le commerce est à peu près nul et il n'y a que quelques marchands de goutte qui font un peu d'affaires ... peu de ressources alimentaires. En somme, la vie est difficile, très chère et peu agréable. »

À la longue, cependant, la détermination du gouvernement et de ses représentants locaux à faire de Dakar le centre principal des intérêts français sur les côtes de l'Afrique occidentale avait eu raison de ces réticences. L'amélioration continue des équipements portuaires, la construction du chemin de fer de Dakar à Saint-Louis, inauguré en 1885, d'importants travaux de viabilité, l'adduction de l'eau des sources de Hann, le creusement d'égouts (qui avaient mis fin au pittoresque métier des *boroms pot* {appuyer sur le *t* final} — des petits propriétaires de charrettes qui ramassaient chaque matin les tinettes), l'éclairage des rues au pétrole en 1889, puis une vingtaine d'années plus tard à l'électricité et, surtout, la décision, prise en 1902 et qui avait entraîné un afflux immédiat de fonctionnaires, de fixer à Dakar le siège du gouvernement général de l'AOF avaient finalement conduit les propriétaires des premières concessions à y faire bâtir et à commencer à s'y installer en beaucoup plus grand nombre, en dépit des coups d'arrêt donnés par quelques terribles épidémies de fièvre jaune. En deux ans, de 1902 à 1904, la population dakaroise était passée de 8 737 habitants à 18 497. À la veille de la première guerre mondiale, la ville avait déjà pris la physionomie qu'elle devait conserver pour l'essentiel jusqu'à aujourd'hui dans la partie qui constitue maintenant ses vieux quartiers.

Celui d'entre eux qui était déjà habité de façon continue ne couvrait guère que deux kilomètres carrés et s'étalait tout naturellement autour du port, en contrebas du plateau où Protêt avait installé le premier fort français sur l'emplacement de la vieille concession du commerçant Jaubert (le premier exportateur d'arachides), antérieure à 1857 (c'est approximativement là que se trouve aujourd'hui le monument aux morts du Sénégal indépendant). Il était délimité, au nord, par le boulevard Pinet-Laprade, longeant la zone portuaire, au sud, par le boulevard National (les actuelles avenues Pompidou, ex-William-Ponty, et Albert-Sarraut), que prolongeait l'avenue Gambetta (aujourd'hui Lamine-Guèye) à l'ouest et, à l'est, par la pointe de Dakar, d'où partait la jetée initiale. Ce quadrilatère était essentiellement constitué d'une trame de rues en damier de dix mètres sur cinquante, et celles-ci portaient presque toutes des noms d'explorateurs, comme Raffenel, d'anciens gouverneurs, comme Blanchot, de médecins ou de pharmaciens de la Marine ayant servi au Sénégal, comme Huart, Salva, Thèze ou Bérenger-Féraud, et surtout d'anciens officiers de la conquête, comme Caille, Dagorne, Descemet, Escarfait, des Essarts, Joris, Mage, Malenfant, Parchappe, Parent ou Vincens — à *La Croix du Sud*, presque plus personne n'était capable de dire de qui il s'agissait. Au centre de cet ensemble historique, remontant en pente douce vers le plateau, la place Protêt, qui n'occupait guère que le tiers de la place de l'Indépendance actuelle et que limitait alors, dans sa partie haute, le boulevard National, était entourée, à l'ouest, par la caserne des Spahis (là où se trouve aujourd'hui l'immeuble de la BIAO), d'où on débouchait directement, à travers des terrains inhabités, vers l'actuelle Médina et, jusqu'en 1905, par la petite église du Sacré-Cœur (sur l'emplacement actuel de la chambre de commerce, de style « pâtisserie » inaugurée en 1929), et, à l'est, par les services centraux du gouvernement général et par le palais de justice, construit en 1905 en belles briques rouges et qui abrite à présent le ministère des Affaires étrangères du Sénégal. En bas de la place Protêt, les allées Canard descendaient vers la mairie, une bâtisse toute blanche aux toits d'ardoise grise comme dans l'Île de France, édifiée en 1914, là où s'élevait dès 1846 la première mission des pères du Saint-Esprit, et vers la gare, à la façade *modern style* recouverte de céramique jaune et verte, construite quant à elle en 1912, en remplacement de celle de 1885, qui se trouvait plus au sud sur les quais. Les bâtiments à étage des principales maisons de commerce, prolongés sur la rue de balcons à auvent, entouraient la petite place Kermel (sur laquelle avait été édifié en 1910 un marché couvert de style mauresque) ou se pressaient aux alentours.

Mais, dès avant 1914, Dakar avait commencé à déborder de ce périmètre initial, notamment sur le plateau, en direction du cap Manuel où, déjà, au pied du phare, avait été construit vers 1870 un lazaret, destiné à recevoir, en période d'épidémie, les nouveaux arrivants placés en quarantaine. En 1884, avait été inauguré un grand hôpital militaire, construit en surplomb de l'anse Bernard (rentrant épuisé du Congo, Brazza y était mort en 1905), puis étaient apparus, non loin de là, en 1906, l'élégante maison du consul général de Grande-Bretagne, et, en 1907, le palais du gouverneur général de l'AOF, édifice aux lignes maintenant classiques mais qui sacrifiait initialement à des tendances architecturales néo-baroques et était notamment surmonté d'un extravagant clocheton. Le gouverneur Roume avait été le premier occupant de ce palais ; après sa mort, son nom avait été donné à la nouvelle avenue qui reliait cet ensemble de bâtiments à la place Protêt, aux abords de laquelle un petit théâtre avait par ailleurs été édifié en 1909. De l'autre côté, face aux îles des Madeleines, avaient été transférées, dès les années 1890, les casernes de l'artillerie — l'actuel camp Dial-Diop, siège de l'état-major de l'armée sénégalaise —, jusque-là implantées à l'arrière de la pointe de Dakar. Puis tout le plateau lui-même avait été cadastré ; d'autres avenues — de la République, de la Liberté (aujourd'hui Jean-Jaurès, Jean-XXIII et Pasteur), Brière-de-l'Isle, Borgnis-Desbordes, Courbet (Nelson Mandela) — y avaient été tracées, encadrant, comme à l'est du boulevard National, tout un damier de petites rues qui allaient constituer le premier quartier résidentiel de la ville. Les Africains, occupants originaires de ces terrains, avaient été refoulés vers l'actuelle Médina, toutefois assez bien viabilisée au préalable. Parachevant cette ségrégation urbaine de fait, sinon officiellement avouée, les Libano-Syriens s'étaient progressivement installés, quant à eux, avec leurs petites boutiques débordantes des marchandises les plus hétéroclites, dans la zone intermédiaire : dans le bas d'une partie des vieux quartiers du port, entre les allées Canard et l'avenue Gambetta, puis tout autour de celle-ci et de la nouvelle avenue Jauréguiberry, qui descendait vers la Médina à partir du nouveau marché couvert, de style néo-soudanais, construit en 1933 en haut de l'avenue William-Ponty : le marché Sandaga, du nom du village indigène qui était implanté là jusqu'alors.

Après la première guerre mondiale, Dakar, à présent reliée par voie ferrée au Soudan et qui drainait plusieurs centaines de milliers de tonnes d'arachides chaque année, l'avait définitivement emporté sur ses rivales. Gorée lui avait même été administrativement rattachée en 1927, puis Rufisque dix ans plus tard, pour former avec elle une circonscription autonome, dite significativement « de

Dakar et dépendances ». Son port était à présent le premier de toute l'Afrique occidentale et, dans les années 1930, elle était devenue la plaque tournante de l'aviation civile en plein essor dans l'Atlantique Sud. Sa population, qui était déjà de 18 447 habitants en 1904 et de 32 500 en 1931, atteignait le chiffre de 92 600 en 1936.

Depuis son vrai démarrage vers 1890, un demi-siècle s'était écoulé. À partir de 1908, il avait été rythmé par la relève, tous les quatre à cinq ans, des gouverneurs généraux (Roume, Ponty, Clozel, Van Vollenhoven, Angoulvant, Merlin, Cardes, Brévié, Coppet), et marqué aussi de temps forts, heureux ou malheureux, ou simplement de quelques événements notables qui rompaient un temps la monotonie des jours. La fièvre jaune avait frappé très durement en 1900, en 1910 et en 1927 ; et aussi la peste pulmonaire et bubonique en 1914 et la grippe espagnole, amenée de France par les bateaux, en 1919. En 1920, l'*Afrique*, un paquebot qui transportait plus de cinq cents habitants du Sénégal, dont l'évêque de Sénégambie, Mgr Jalabert, et de nombreux chefs de comptoirs européens démobilisés l'année précédente, avait coulé au large des côtes françaises, et il n'y avait presque pas eu de rescapés. La guerre de 1914 avait provoqué le départ de presque tous les jeunes Français des maisons de commerce, qui avaient dû faire revenir des retraités de la métropole pour les remplacer, et la crise économique de 1929 avait entraîné des dizaines de faillites. Quelques ministres des Colonies étaient venus en visite officielle : André Lebon en 1897, Milliès-Lacroix en 1908, Maginot en 1929, à l'occasion de l'inauguration du nouveau bâtiment de la chambre de commerce, et Marius Moutet en 1936, qui était venu installer le gouverneur général Marcel de Coppet, nommé par le Front populaire. Au début de 1905, l'escadre russe de l'amiral Rotjestwensky, en route vers le détroit de Tsushima où l'attendait l'amiral Tojo, y avait fait escale (« Leur flotte couvrait toute la rade extérieure entre Gorée, Bel-Air et Dakar. Quelle fête ce fut ! Et quelles cuites ! » note incidemment André Demaison dans *L'Étoile de Dakar*, évocation romanesque de la future capitale du Sénégal du début du siècle. « Les officiers russes et leurs matelots ont vidé toutes les boutiques. Champagne, liqueurs, alcools, bières, douceurs, tout y a passé à n'importe quel prix. Ils buvaient comme des trous dans le sable. Mais quelle allure, grand Dieu ! ») En 1936 — évènement d'un tout autre genre — avait été consacrée en très grande pompe, en présence du gouverneur général Brévié, qui représentait le président de la République Albert Lebrun, d'Henry Bordeaux, de l'Académie française, en habit vert et bicorne, et du cardinal Verdier, archevêque de Paris et légat du pape, en *capa magna*, la cathédrale du Souvenir africain, implantée dans la partie centrale du plateau et qui avait déjà été inaugurée en 1929 par le gouverneur Cardes. Surmonté d'un vaste dôme de style byzantin et flanqué sur l'avant de deux tours évocatrices des *tatas* soudanais, ce haut lieu du catholicisme sur les côtes de l'Afrique occidentale devait être aussi, dans l'esprit de ses promoteurs, un immense cénotaphe dédié à la mémoire de tous ceux — soldats, missionnaires, médecins, explorateurs — qui étaient morts pour la France en terre africaine.

C'est cependant l'épopée de « la Ligne » qui avait le plus marqué l'esprit des Français de Dakar, ces années-là. Le 10 février 1912, déjà, trois ans seulement après la traversée de la Manche par Louis Blériot, un biplan Farman avait effectué un vol d'essai Bambey-Thiès-Dakar, d'une cinquantaine de kilomètres. Dès la fin de la guerre, des hydrobases avaient été aménagées à Dakar, à l'arrière du port, sur la baie de Hann, et à Saint-Louis, près de la Langue de Barbarie ; et aussi un premier terrain d'aviation à Ouakam, à la sortie de Dakar. De 1918 à

1925, d'autre part, étape par étape, avait été progressivement établie, sous l'impulsion notamment de Didier Daurat, directeur de la compagnie Latécoère, la liaison postale Toulouse-Dakar, réalisée pour la première fois, le 1er juin 1925, par Lecrivain, Droin et Lasalle. Le 12 mai 1930, enfin, Mermoz, Dabry et Ginié s'étaient envolés de Saint-Louis, à bord d'un Laté 200 muni de flotteurs, le *Comte de la Vaulx*, et ils s'étaient posés 21 heures 25 minutes plus tard à Natal, au Brésil, après avoir couvert 3 173 kilomètres, réalisant la première liaison aérienne entre l'Afrique et l'Amérique du Sud. Trois ans plus tard, Mermoz avait réussi une seconde traversée, en 14 heures 27 minutes seulement, à partir de Dakar-Ouakam à bord d'un trimoteur, l'*Arc-en-ciel*, et il était retourné triomphalement à Dakar, puis au Bourget, le 25 mai 1933.

Après ces vols légendaires, la liaison Paris-Casablanca-Dakar et la traversée de l'Atlantique Sud par quadrimoteurs — des hydravions Laté 300 comme la *Croix du Sud* de Mermoz, ou Blériot 5190, comme le *Santos Dumont*, ou bien des avions Farman 220, comme le *Centaure* de Guillaumet — étaient devenues peu à peu régulières ; assez vite, même, quelques passagers avaient commencé à être pris à bord. Ces vols n'étaient cependant pas sans risques et, pendant toute cette période, les accidents furent nombreux. Sur l'Atlantique Sud, il y avait deux traversées par mois. Les hydravions quittaient généralement Dakar le dimanche matin et les avions décollaient de Ouakam un peu plus tard. Chacun de ces départs, en présence de dizaines de supporters qui sablaient le champagne mais avaient le cœur serré, était impressionnant. Les hydravions effectuaient leurs cent cinquante premiers kilomètres à moins de deux cents mètres au-dessus des flots, parce que leur charge de carburant les empêchait de prendre de l'altitude. Le 7 décembre 1936, la *Croix du Sud* de Mermoz avait disparu à jamais, avec ses cinq membres d'équipage, après avoir lancé à 10 heures 47 minutes un ultime et laconique message : « Coupons moteur arrière-droit ».

Mais, pour la plupart des Français de Dakar, l'existence était plus prosaïque. Venus jeunes « à la côte d'Afrique », comme on disait encore alors, d'ordinaire pour une bonne trentaine d'années, les employés des maisons de commerce avaient presque tous débuté dans de petits comptoirs de brousse sans grand confort —avec lits Picot, moustiquaires et lampes à pétrole — et ce n'est souvent qu'en fin de carrière, après avoir « fait » quelques autres territoires, qu'ils avaient été affectés dans la capitale fédérale. Il en était de même pour les fonctionnaires. Presque seuls des commerçants et des boutiquiers à leur compte, et aussi les très rares représentants de professions libérales, échappaient à ce type de parcours. Comme tout le Sénégal, la ville vivait au rythme de l'arachide : très intensément de novembre à juin, pendant la saison sèche où soufflaient les alizés venus du large et de temps en temps l'harmattan chargé des poussières du Sahel ; au ralenti de juillet à octobre, pendant la saison des pluies, marquée par de grosses tornades, que suivaient des heures pénibles de moiteur lourde, sans le moindre souffle de vent. C'est pendant la saison sèche que s'étalaient les opérations successives de la traite, de la récolte à l'embarquement, et que le commerce des tissus, des émaillés et de tous les objets tentateurs venus d'Europe battait son plein ; après, l'argent devenait rare.

À partir des années 1920, au fur et à mesure que leur nombre augmentait, les Européens s'étaient de plus en plus regroupés dans les nouvelles rues aux noms républicains (Thiers, Carnot, Félix-Faure, Jules-Ferry, Victor-Hugo) de la partie inférieure du Plateau située entre l'avenue William-Ponty et le boulevard de la République, d'une part, et entre l'avenue Roume et la section du boulevard Gambetta, qui allait devenir l'avenue Maginot, d'autre part, où l'on trouvait aussi quelques notables sénégalais et des métis « portugalais » originaires des îles du Cap-Vert. Quand ils n'étaient pas restés aux alentours du vieux boulevard Pinet-Laprade, ceux qui constituaient l'élite de la colonie — les hauts fonctionnaires et les chefs des principales maisons de commerce — avaient migré, quant à eux, de l'autre côté du boulevard de la République, dans un secteur encore mieux aéré, qui était constitué notamment des rues Kléber et Zola et des avenues Courbet et Brière-de-l'Isle et qui rejoignait le quartier militaire : les rues Maunoury, Gallieni, Joffre et du maréchal Foch, et l'avenue Borgnis-Desbordes, où se trouvait le « quartier » du même nom, siège du commandement de l'artillerie de l'AOF. Beaucoup d'officiers habitaient aussi le long de la corniche faisant face à Gorée, à l'arrière de la pointe de Dakar, où était implantée la belle demeure du général commandant l'ensemble des forces terrestres de l'AOF. L'amiral, qui (héritage des débuts de la conquête, œuvre des marins) commandait les trois armes pour l'ensemble de la fédération, résidait non loin du port.

Ces quartiers européens de Dakar étaient comme un très grand jardin, à la façon des gros villages slaves d'autrefois, le soleil en plus presque toute l'année. Le plateau était couvert de coquettes villas blanches ou ocre à vérandas, aux toits de tuiles mécaniques rouges de Marseille, avec crêtes, épis de faîte et frises de bois festonnées. Des jardinets aux allées de coquillages les entouraient, légèrement ombragés de filaos et de prosopis, et emplis de fleurs et d'arbustes aux couleurs éclatantes : des frangipaniers, des bougainvillées, des flamboyants, des orgueils-de-Chine, des lauriers-roses, des Général-Dodds, des pervenches de Madagascar, des cannas, des hibiscus... Des calcédrats au feuillage épais d'un vert très foncé et des nimes à l'ombrage plus clair, importés sur le tard des colonies anglaises, bordaient les avenues. Ici et là, un énorme baobab aux bras tourmentés témoignait encore du temps passé.

Entre les deux guerres, l'automobile avait progressivement remplacé les voitures à chevaux sur ces avenues, notamment l'élégante et légère Araignée à deux places, venue d'Amérique, qui, au début du siècle, avait eu la faveur des jeunes chefs d'entreprise à la mode. Mais, pendant longtemps, cela avait surtout été une question de standing, car, jusqu'à la fin des années 1930, peu de voies urbaines avaient été goudronnées ou simplement macadamisées, et seulement deux courts tronçons de route à la sortie de la ville, vers Rufisque et vers Ouakam. Comme quelques années plus tôt en calèche, le soir, on faisait, en Delaunay-Belleville décapotable ou en *Viva Stella* Renault, le tour de la Petite-Corniche, de la pointe de Dakar aux Madeleines, en passant par le cap Manuel, et le dimanche on allait se montrer aux courses, à l'hippodrome de la pépinière (à l'entrée actuelle de l'autoroute), ou bien on allait tout simplement se promener au jardin d'essai de Hann et même de Sangalkam — mais, dans ce dernier cas, c'était une vraie expédition. Ces années-là, aussi, on avait enfin découvert les joies de la plage ; celle de la baie de Hann était la plus courue. La mode vestimentaire, parallèlement, avait évolué. Hormis les officiers et les administrateurs quand ils étaient en uniforme de cérémonie, les hommes avaient renoncé aux cols dolmans, fermés jusqu'au ras du menton, et les tenues blanches ou kaki « à l'anglaise » — vestes « sahariennes » ceinturées à col ouvert, shorts longs et chaussettes montantes — étaient devenues les plus courantes. Comme en Europe, les robes des femmes s'étaient raccourcies. Du lever au coucher du soleil, tout le monde continuait cependant à porter le casque de liège, qui avait supplanté au début du siècle les grands chapeaux de feutre gris doublés d'étamine verte, les casques à bord plat ayant toutefois remplacé ensuite ceux « à la Brazza », qui descendaient très bas sur la nuque.

Tant que Dakar était resté essentiellement une ville de célibataires, la vie sociale y avait tourné, pour la plupart des Européens, autour de quelques bars, de quelques restaurants et de quelques dancings ; on prenait l'apéritif chez *Sergent*, face au kiosque à musique de la place Protêt. On dînait chez *Thérèse*, à l'angle de la rue Caille et de la rue de Thann, dans le quartier Kermel (la « mère Thérèse » — Thérèse Nars —, vieille Ariégeoise en fichu, au parler rocailleux, avec du poil au menton, tout autant réputée pour sa générosité envers ses clients désargentés que pour ses qualités de cordon-bleu et dont un buste de pierre, inauguré en 1938, à l'angle de la rue Parent et de l'avenue Albert Sarraut, rappelle le dévouement exemplaire lors des épidémies de fièvre jaune du début du siècle). Le soir, on allait faire la fête au *Tabarin*, devenu ensuite le *Bataclan*, face au théâtre, dans le bas de l'avenue Roume. Les bars à putes de la rue Raffenel étaient aussi très fréquentés et, quand elles parvenaient à se faire épouser, leurs pâles pensionnaires devenaient parfois des hôtesses très en vue, qu'il valait mieux alors ne plus plaisanter.

Puis, avec l'arrivée des femmes européennes en beaucoup plus grand nombre, les loisirs étaient devenus un peu plus raffinés. Sous l'impulsion de Girard, puis de Maurice Jacquin (le futur patron de la Comacico qui deviendra, après la seconde guerre mondiale, un des grands producteurs français), plusieurs cinémas à ciel ouvert avaient commencé à projeter des films de façon régulière. Les restaurants à la mode, fréquentés par Mermoz et ses compagnons de l'Aéropostale, étaient à présent celui du vieil hôtel *Métropole*, qui datait en fait du tout début du siècle mais qu'avait relancé Émile Perras, et celui de *Marie-Louise* (qui restera à ses fourneaux jusqu'en 1960), en bas de la rue Vincent. Des associations régionales de loisirs s'étaient constituées — les Basques, les Corses, les Bretons —, et leurs bals annuels, dans le grand hall de la Chambre de commerce, avaient beaucoup de succès, de même que celui des sous-officiers. Tous ceux qui pensaient constituer la *gentry* étaient membres du *Cercle de l'Union*, qui dominait la Petite-Corniche, à l'emplacement actuel de l'hôtel *Teranga*, et où il était difficile de se faire admettre : on y jouait au tennis et l'on buvait des porto-flip, des mandarin-curaçao et du cognac allongé d'eau de Seltz. Les invitations au *Cercle des officiers*, en haut de la place Protêt, sur l'emplacement de l'ancienne caserne des Spahis, avec en arrière l'hôtel *Atlantic* où descendait désormais Mermoz, qui avait délaissé le *Métropole*, étaient toujours très appréciées. On se recevait, aussi, de plus en plus chez soi, assez cérémonieusement, dans des salons aux meubles bruns massifs, que décoraient des tableaux d'amateurs représentant des scènes de danse initiatiques de la Haute-Guinée, de superbes adolescentes sénégalaises aux seins nus ou des Maures enturbannés au regard farouche. Les départs en congés, avec cures à Vichy quand on en avait les moyens, étaient de véritables fêtes, les partants offrant le champagne à tous leurs amis venus les accompagner à bord. Les escales des paquebots qui remontaient du sud, emplis d'« Ivoiriens » et de « Congolais » qui rentraient en métropole avec des allures de nouveaux riches, constituaient aussi de petits événements, et, plus encore, celles des grands transatlantiques italiens des lignes d'Amérique du Sud, où — c'était du dernier chic — quelques dizaines de privilégiés pouvaient aller dîner dans des décors de luxe.

Les Noirs et même les métis, à quelques rares exceptions près, étaient généralement tenus à l'écart de toute cette vie sociale. Depuis 1914, c'était, après plusieurs mulâtres, un député noir, élu des citoyens des « quatre communes » (en réalité trois, depuis le rattachement de Gorée à Dakar en 1927), qui représentait le Sénégal à la Chambre des députés à Paris : Blaise Diagne, qui avait même été ministre, puis, après sa mort en 1934, Galandou Diouf. La mairie de Dakar, comme celles de Saint-Louis et de Rufisque, était contrôlée par des autochtones en possession de la citoyenneté française. Il en allait de même au Conseil colonial, où toutefois des notables désignés par l'administration réduisaient la liberté de manœuvre des représentants des citoyens. Les missionnaires catholiques avaient commencé à former un clergé indigène et les francs-maçons du Grand Orient de France, qui travaillaient au Sénégal depuis 1774 et dont l'un des principaux chefs de file fut pendant longtemps Blaise Diagne lui-même, initié en 1899, accueillaient quelques fils du pays dans leur nouveau temple de l'avenue Brière-de-l'Isle, dont les feux avaient été allumés en 1935 et dont la petite tour pointue de style soudanais montrait à tout un chacun, comme celles plus imposantes de la cathédrale du Souvenir africain, que, dès ces années-là, le Grand Architecte de l'Univers entendait, lui aussi, s'adapter au terrain tropical. Surtout, on célébrait à chaque occasion la contribution importante des troupes noires à la victoire de 1918 ; en témoignait notamment le monument aux morts (et aux gouverneurs généraux de l'AOF) qui avait été érigé en 1923 au carrefour des avenues Courbet et Brière-de-l'Isle : un « poilu » français à moustache à la gauloise et un tirailleur sénégalais à chéchia — « Dupont et Demba », disaient familièrement les Dakarois —, qui s'élançaient au coude à coude vers la gloire, avant d'être fauchés par la mitraille, sans distinction de race ni de religion. Mais, aux exceptions près qui viennent d'être évoquées et en dehors des lieux de travail (où les Africains n'occupaient guère, pour la plupart, que des emplois subalternes), même au Sénégal où les « évolués » étaient beaucoup plus nombreux que partout ailleurs en Afrique noire, on ne se fréquentait pas entre communautés, et, seuls parmi les autochtones, les domestiques, en tenue blanche les soirs d'invitation, entraient dans les villas du plateau.

Conséquence de ce splendide isolement, la plupart des Français d'origine métropolitaine se désintéressaient de la vie publique locale, qui était devenue très tôt essentiellement l'affaire des citoyens des « quatre communes ». À peine 20 % d'entre eux en moyenne participaient aux élections, et il n'y avait pas de partis européens. Les quelques Blancs qui entendaient néanmoins se mêler de politique se plaçaient, pour ce faire, dans le sillage des principaux leaders africains ou cherchaient l'appui d'associations autochtones un peu remuantes. C'étaient d'ordinaire des personnalités plutôt marginales, même si leur engagement leur valait une certaine notoriété, ou bien des membres des professions libérales, plus indépendants que les employés du commerce et que les fonctionnaires. Ainsi, le journaliste Jean Daramy d'Oxoby avait soutenu pendant longtemps Blaise Diagne avec son journal *Le Démocrate du Sénégal* ; l'avocat Paul Defferre (le père du futur maire de Marseille) avait l'appui de l'Union républicaine des jeunes Sénégalais ainsi que de maître Lamine Guèye, encore en début de carrière et qui, après avoir, premier des Sénégalais, décroché un doctorat en droit, venait d'adhérer l'année précédente à la SFIO ; Alfred Goux, qui guignait la mairie de Dakar et avait rejoint Galandou Diouf en 1934, créant pour lui *Le Sénégal*, « organe officiel du parti radical et radical-socialiste de l'AOF », dont une des autres figures européennes de Dakar était alors le président de la chambre de commerce, Jean-Louis Turbé, par ailleurs franc-maçon influent ; en 1934 également, Charles Graziani (un commerçant indépendant, arrivé au Sénégal en 1923 et qui avait soutenu d'abord la petite équipe du *Périscope africain* et le groupe de jeunes fonctionnaires sénégalais dit des « Boroms faux-cols ») avait aidé Lamine Guèye, avec l'appui notamment d'un avocat de Saint-Louis, maître Vidal, d'un notaire antillais de Dakar, maître Sylvandre, et de l'entrepreneur de cinéma Maurice Jacquin, à créer le Parti socialiste sénégalais (PSS), prenant même la direction de son journal, *Clarté*, qui se voulait, quant à lui, l'« organe de rénovation sociale et économique pour la défense des travailleurs blancs et noirs du Sénégal » ; en 1936, enfin, quelques autres Européens avaient créé, avec la plupart des premiers syndicalistes sénégalais, la Fédération sénégalaise de la SFIO, qui devait fusionner avec le PSS deux ans plus tard et essaimer dans les autres territoires de l'AOF : une poignée de fonctionnaires de rangs relativement subalternes, tels qu'Étienne Alibert (un agent des Travaux publics, par ailleurs président de la Ligue locale des droits de l'homme), Jules Téty (un employé municipal) et Maurice Ostertag (qui avait succédé à Turbé à la tête de la loge maçonnique de Dakar, « L'Étoile occidentale ») ; plusieurs commerçants et artisans comme Roger Roche (garagiste à Rufisque) et Roger Depis ; des employés du chemin de fer et la plupart des « rampants » d'Air France (parmi lesquels le parti communiste, avec Le Dalic, recrutait aussi quelques adhérents) ; enfin, un jeune et brillant avocat d'origine marseillaise, qui devait devenir après la guerre le premier adjoint de Lamine Guèye à la mairie de Dakar, maître Bonifay.

La victoire du Front populaire aux élections législatives du 4 mai 1936, la visite officielle qu'avait effectuée au Sénégal le nouveau ministre des Colonies Marius Moutet en septembre suivant et la nomination à la tête du gouvernement général de l'AOF du gouverneur socialiste Marcel de Coppet (gendre de Roger Martin du Gard et ami d'André Gide, qu'il avait beaucoup aidé dans son voyage au Tchad) avaient facilité pendant quelques mois les activités de cette petite poignée d'idéalistes qui, dans la tradition de Jean Jaurès, se réclamaient pour la plupart des valeurs progressistes de l'humanisme républicain ; c'est à ce moment-là notamment qu'avec leur appui le mouvement syndical sénégalais et même ouest-africain avait pris son essor et qu'avaient été conclues les premières conventions collectives. Le 14 juillet 1936, dans les principales artères de Dakar, une quarantaine d'Européens étaient à la tête d'un défilé haut en couleur de quelque cinq mille personnes, avec drapeaux rouges, banderoles, poings levés et papillons « Front populaire » collés sur les casques coloniaux. Le 28 septembre suivant, le vin d'honneur offert à Marius Moutet à la taverne *Cyrnos*, propriété de Charles Graziani, par les partis et associations de gauche, tous les assistants reprenant en cœur *L'Internationale*, n'avait pas manqué non plus de pittoresque.

Mais, dès la fin de 1938, à Dakar comme à Paris, la roue avait tourné. Très attaqué dans les milieux d'affaires internationaux (où, s'en prenant même à sa vie privée, on ne l'appelait plus que « la Grande Marcelle » ou « la gouvernante générale de l'AOF) et par une large partie de la presse, notamment par le seul quotidien du Sénégal, le *Paris-Dakar* du comte Charles de Breteuil, créé en 1933, Coppet avait été rappelé, à la suite de graves incidents survenus aux ateliers du chemin de fer à Thiès (la troupe, débordée, avait tiré sur des grévistes). À peine ébranlé, l'ordre colonial traditionnel avait été rétabli et la quasi-totalité des Français de Dakar s'en étaient réjouis, sans avoir compris le moins du monde ce qu'avait eu cependant de précurseur l'action d'Alibert, de Bonifay, d'Ostertag et de leurs amis.

Mais Charles Graziani avait beau déclarer lutter aussi contre la véritable « traite des Blancs » dont, selon lui, étaient victimes bien des employés des maisons de commerce, et Paul Bonifay ironiser sur le thème du « nous sommes tous des forçats du capitalisme », la plupart de leurs compatriotes du Sénégal demeuraient au mieux indifférents à leur combat politique et tout à fait inconscients des évolutions qui pourtant s'annonçaient. Même si leur vie était beaucoup plus dure que ne le pensaient leurs anciens amis de jeunesse quand ils rentraient tous les deux ans en congés au pays, presque tous ces « mange-mil » jugeaient, non sans raisons tout de même, qu'ils menaient en Afrique une existence tout à fait exceptionnelle par rapport à ce qu'aurait pu leur laisser normalement espérer leur naissance dans un pauvre village de l'Ariège ou des Pyrénées-Orientales, et ils ne voulaient pas imaginer un instant que cela pourrait changer un jour. Pour eux, ces socialistes, pourtant tout compte fait bien modérés, et même le vieux Turbé (qui avait représenté les radicaux au sein du comité local du Front populaire et qu'ils appelaient vulgairement « le Mass » — le masturbé) n'étaient que des trouble-fête. Avant même d'avoir, l'âge venu, définitivement « quitté la colonie/ Avec le « palu », la retraite/ Petite quinine de temps en temps/ Ça leur rappelle le bon vieux temps », anticipant sur leur nostalgie à venir, ils se prenaient parfois à chanter *Le Boubou rose* : « Cela s'est passé au Sénégal/ Pays où l'amour est fatal/ À l'ombre des arachidiers. » Aujourd'hui encore, quand je suis de bonne humeur, je me prends à chanter, à quelques amis qui en sont toujours amusés et surpris, cette rengaine plus que centenaire. Elle fait toujours son petit effet.

Cartes

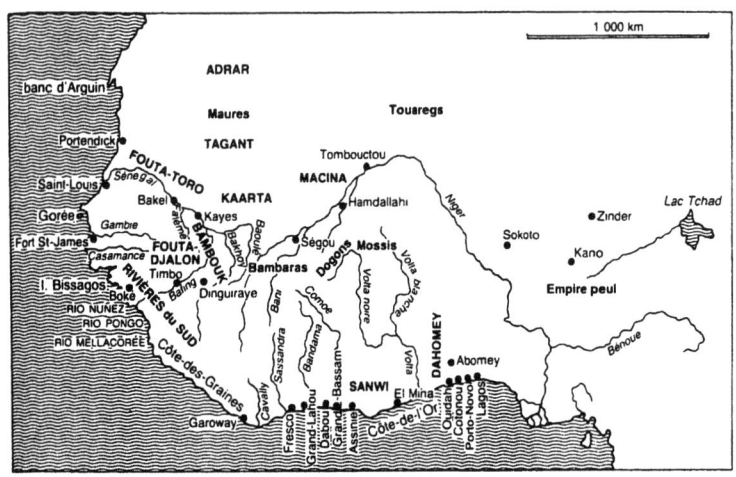

L'Afrique occidentale, de 1815 à 1869.

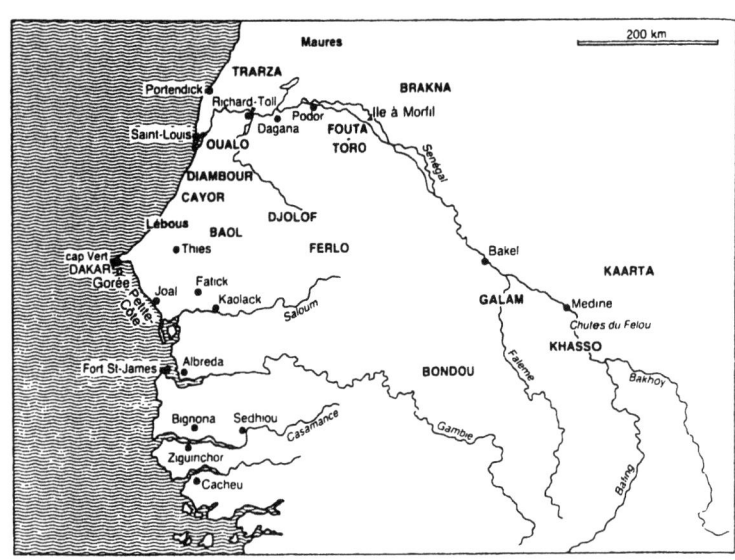

Le Sénégal de Faidherbe.

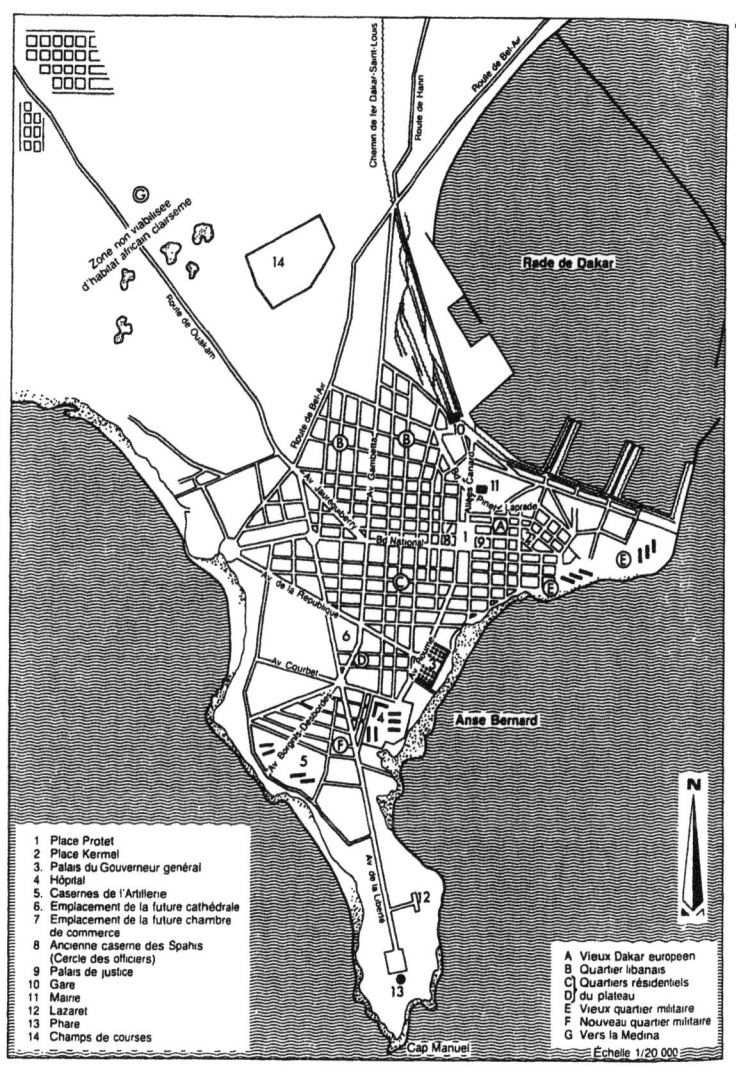

Dakar en 1915.

Le charcutier de l'élite

Le nombre des Français qui vivaient en Afrique noire avait considérablement augmenté depuis la guerre, passant d'environ 30 000 en 1939 à presque 150 000 une quinzaine d'années plus tard. Ils étaient à présent, approximativement, dans une proportion de 5 % (au lieu de 1,5 %) par rapport à la population africaine, qui avait progressé, quant à elle, d'un peu plus de vingt millions d'habitants à près de trente millions. Le Sénégal, avec plus de 30 % du total, mais aussi la Côte-d'Ivoire, le Cameroun et le Congo, avec environ 15 000 Français chacun, et même le Gabon et la Guinée, qui en comptaient près de 10 000 l'un et l'autre, tendaient à devenir, pour la première fois, des colonies de peuplement.

Comme le rapide développement de l'urbanisation, ce fort accroissement de la population européenne était fondamentalement la conséquence de l'essor économique sans précédent que connaissait l'Afrique noire française depuis la fin de la guerre, grâce notamment aux importants crédits dégagés par le FIDES (le Fonds d'investissement et de développement, créé par la France Libre, devenu aujourd'hui l'Agence française de développement) qui s'avéra être dès sa création la locomotive de cette expansion. Les travaux publics et le bâtiment, tout particulièrement, connurent des années fastes, ainsi que l'industrie et les mines en plein démarrage. Des milliers de cadres et de techniciens, de contremaîtres et de conducteurs de travaux, de simples ouvriers qualifiés même, furent recrutés en France presque du jour au lendemain et vinrent s'ajouter aux employés des vieilles maisons de commerce dont, par ailleurs, le nombre s'était beaucoup accru dans ce climat de prospérité (comme celui des fonctionnaires, pour d'autres raisons liées notamment aux tendances dirigistes de l'époque). Dans la foulée, des dizaines de sociétés commerciales nouvelles spécialisées dans la vente de matériels d'équipement les plus divers (industriels, électriques, de bâtiment ou de bureau) s'étaient créées, de même que des centaines de petits commerces : des magasins de vêtements et de chaussures, des chemiseries, des boucheries, des charcuteries et des poissonneries, des pâtisseries, des épiceries, des boutiques de marchands de vins, des ateliers de plomberie, de réparation de voitures et de réfrigérateurs, des magasins de meubles, de vaisselle et de cadeaux, de produits de beauté, des salons de toilettage pour chiens et chats, des ateliers de photographie, des auto-écoles, des bijouteries, des oiselleries, des agences de publicité et de voyage, un nombre incroyable de bars et de restaurants. Et puis étaient arrivés aussi des professeurs de musique, de danse, de gymnastique et de natation, des accordeurs de pianos et, en bien plus grand nombre qu'autrefois, des comptables, des agents d'assurances, des experts de tout poil, des avocats, des notaires, des médecins, des kinésithérapeutes, des vétérinaires, des agents immobiliers, des architectes, des pharmaciens, des courtiers multicartes, des employés de banque et une multitude de candidats à n'importe quoi. Très vite, Montauban fut dans Dakar, Romorantin dans Abidjan et Landerneau dans Douala.

Même si le trajet France-Afrique continuait à se faire essentiellement par bateau[1], le prodigieux développement des transports aériens — qui avait mis Dakar et les autres grandes agglomérations de l'AOF et de l'AEF à moins d'une dizaine d'heures de Paris pour des passagers de plus en plus nombreux, et qui avait sorti de leur isolement séculaire à peu près tous les chefs-lieux et

---

1. Dans les ports secondaires dotés d'un simple wharf, comme à Cotonou, le paquebot jetait l'ancre au-delà de la barre, et l'on accédait au pont, ou au wharf, serrés à plusieurs dans une sorte de grand panier, balancé au bout d'une grue avant d'être posé dans une barcasse où une autre grue vous reprenait, quelques centaines de mètres plus loin.

toutes les villes secondaires des territoires — avait facilité cet afflux. Les conditions sanitaires à peu près satisfaisantes (le paludisme et l'amibiase continuaient à sévir) dont les Européens bénéficiaient à présent presque partout, même sur les grands chantiers de travaux publics ouverts dans des zones autrefois tout à fait inhospitalières et insalubres, avaient eu le même effet. Par ailleurs, ces meilleures conditions de déplacement et d'hygiène permettaient désormais aux femmes d'accompagner presque toujours leur mari, et aux enfants (quand ils n'étaient pas nés sur place) de rejoindre très rapidement leurs parents, quitte à les frictionner plusieurs fois par jour avec de la *Lotion de Foucaut* contre la « bourbouille », des éruptions de petits boutons de chaleur, par centaines, furtives mais quotidiennes.

Passé l'adolescence, la plupart des jeunes gens quittaient cependant l'Afrique pour aller faire leurs études en Europe, tandis que les personnes âgées étaient toujours aussi rares, les retraites continuant à ne se prendre qu'en métropole où se trouvaient toujours, et non pas au Sénégal, au Gabon ou en Côte-d'Ivoire et au Cameroun, les caveaux de famille. Quant aux forestiers de Côte-d'Ivoire et du Gabon, ils n'étaient toujours que concessionnaires de leurs permis de coupe. Autant de faits qui devaient rendre beaucoup plus supportable qu'en Algérie ou au Maroc, par exemple, le processus de décolonisation.

Ces nouveaux arrivants étaient originaires d'à peu près toutes les régions de France, et non plus seulement, comme autrefois des départements pauvres du Midi et de la Bretagne. La plupart même étaient des citadins de seconde génération — résultat des mutations géographiques et professionnelles qui s'accéléraient de plus en plus en métropole. En quittant leurs petits villages ancestraux pour aller travailler à la ville, leurs parents avaient déjà tourné le dos aux mœurs frugales de leurs aïeuls et eux-mêmes étaient arrivés en Afrique avec des prétentions et des exigences que n'auraient jamais osé formuler les « Ariégeois » de naguère. La présence généralisée des femmes et des enfants, de plus en plus même dès le premier séjour, les rendait encore plus hardis. À vrai dire, bien peu à présent venaient en Afrique pour, naïvement, « tenter la fortune » ; mais ils n'y venaient pas non plus pour se sortir seulement d'une misère ancestrale ; ils y venaient, très prosaïquement, pour « faire du CFA » (le franc de la Côte française d'Afrique), la nouvelle monnaie créée après la guerre, dont la parité d'un pour deux par rapport au franc métropolitain permettait de doubler les économies transférées en France, et ils entendaient, d'autre part, profiter le plus possible de leur vie d'expatriés et, tout d'abord, être bien installés.

Ces aspirations de petits-bourgeois en voie d'ascension sociale, d'un niveau d'instruction d'ordinaire très moyen, ne pouvaient que s'exalter sous les tropiques.

Il fallut d'abord les loger. Dans les localités secondaires et même dans les chefs-lieux des territoires de l'intérieur, tels que le Soudan ou le Tchad, où il y avait encore beaucoup de place, on construisit de nouvelles villas à la façon d'autrefois, aux toits en terrasse, avec de petits jardins ombragés autour, et les quartiers européens tendirent à ressembler un peu au Dakar d'entre les deux guerres, la proximité de la mer en moins. Dans les grandes villes portuaires en pleine expansion, on commença, par contre, à construire en hauteur, et les anciens quartiers résidentiels perdirent vite tout leur charme, se couvrant peu à peu de petits immeubles de deux ou trois étages, gris, blancs ou beiges, fonctionnels et sans grâce, ceinturés d'étroits balcons à hauteur des fenêtres, qui donnaient directement sur la rue, sans laisser désormais la moindre place aux fleurs et aux arbustes aux couleurs chatoyantes.

Seuls quelques îlots furent préservés, comme les avenues Courbet et Brière-de-l'-Îsle et les rues qui leur étaient immédiatement avoisinantes à Dakar, le quartier de l'Indiéné à Abidjan ou le front de mer à Libreville. Quand ce ne fut pas suffisant, on créa de nouveaux quartiers à assez bon marché dans des zones un peu éloignées et moins appréciées, comme au « Point E », à Dakar, ou à Marcory, à Abidjan.

À l'intérieur de ces appartements ou de ces nouvelles villas, aux plafonds moins hauts que ceux d'autrefois, d'où pendaient toujours de grands brasseurs d'air, les meubles bruns massifs fabriqués localement de façon semi-industrielle étaient encore les plus courants ; mais un engouement se manifestait de plus en plus pour les salons et les chambres à coucher importées de France, cependant beaucoup plus chers et d'ordinaire moins solides. Aux murs, des chromos représentant des paysages enneigés ou des chasses à courre faisaient concurrence aux compositions d'ailes de papillons et aux têtes naturalisées d'antilopes ou de phacochères. Ce n'était quand même pas le luxe.

Peu à peu, d'autre part, les hommes avaient remplacé leurs shorts par des pantalons de toile, leurs chemises-vestes sur maillots de corps par des chemisettes à carreaux et leurs casques de liège par des chapeaux de brousse, tandis que les femmes s'efforçaient de suivre tout au long de l'année les dernières modes estivales de la métropole, les plus délurées s'exhibant dans des minishorts ultra-moulants qui ne laissaient à peu près rien ignorer de leurs charmes les plus intimes.

La plupart des épouses travaillaient — d'ordinaire comme dactylos, caissières ou vendeuses —, et leurs gains, plutôt modestes cependant, suffisaient généralement à couvrir les dépenses courantes du ménage. La rémunération du mari (salaire, indemnité d'expatriation et gratifications de fin d'année, ou bien bénéfice net du magasin ou de l'atelier) pouvait être alors presque totalement économisée, hormis l'achat exceptionnel de quelques biens d'équipement non fournis par l'employeur, notamment d'une voiture quand on n'en avait pas une de fonction — ne fût-ce qu'une simple camionnette aux couleurs de la société dont on pouvait à la rigueur se contenter pour aller le dimanche à la chasse et même à la plage en famille.

La possession d'un *boy*-cuisinier et d'une blanchisseuse à mi-temps donnait cependant à ces braves gens, à la vie tout compte fait besogneuse, le sentiment d'avoir tout de même gravi quelques échelons dans la hiérarchie sociale. La maladresse, selon eux toujours avérée et incurable, de ce petit personnel engueulable et renvoyable à merci — auquel on reprochait par ailleurs des transpirations trop fortes (tandis que les Noirs disaient que les Blancs sentaient le poulet !) — alimentait du reste l'essentiel des conversations de ces dames entre elles (« Ah, ma chère, si vous saviez ce que m'a encore fait le mien aujourd'hui ! »). Même les maris, autour d'un verre, y allaient parfois de leurs petites histoires, toujours les mêmes, comme celle du *boy* surpris dans la cuisine alors qu'il avait gonflé ses joues à craquer de l'huile de la mayonnaise, qu'il faisait ensuite gicler très régulièrement de sa bouche en cul de poule, ou bien celle de cet autre qui, ayant mal interprété la consigne qu'on lui avait donnée, avait fait une entrée remarquée dans la salle à manger, un jour d'invitation, avec dans ses oreilles et dans ses trous de nez le persil dont il devait garnir la tête de veau… Parfois, leurs traits d'esprit (si on peut dire) étaient beaucoup plus rudes et franchement racistes, du genre « En Afrique, il n'y a que le bois qui travaille », ou bien « Quelle est la différence entre un nègre et un cancer ? Eh bien, le cancer, il évolue, lui. »

De leur côté, *boys* et *fatous* essayaient régulièrement de « marabouter » leurs patrons, pour se les rendre plus favorables, surtout lorsqu'ils comptaient leur demander une petite augmentation. Après avoir consulté leur « marabout » personnel, des sortes de sorciers musulmans (chacun avait le sien), ils se livraient à de petits sacrifices propiatoires, parfois inquiétants. Ils empoisonnaient les petits animaux familiers des enfants : hamsters, petits perroquets verts (des *yoyos*), que l'on retrouvait ensuite pendus à la branche d'un arbuste, dans le jardin ou sur la terrasse. Ou bien ils aspergeaient de *safara* divers coins de la maison, notamment les dessous de lits. Le *safara* était une décoction nauséabonde de diverses saletés (entre autres de queues de rats et de petits lézards), auxquelles étaient mêlés quelques cheveux et quelques bouts d'ongles des patrons, ramassés dans les salles de bain. Le café du matin avait, aussi, parfois, un drôle de goût. Un jour ou l'autre, cela se terminait par des licenciements, sous un prétexte quelconque juridiquement à peu près solide, car, même si les inspecteurs du travail, les magistrats et les avocats sénégalais n'ignoraient pas du tout ces pratiques, le « maraboutage » n'était pas prévu dans le code du travail d'un pays qui se voulait résolument moderne.

On se recevait beaucoup et l'on mettait alors les petits plats dans les grands, avec, inévitablement, du veau, du fromage et de la salade de France, importés par avion, et, au dessert, un « balouba » ou un « nègre en chemise » — le succès était toujours assuré. On commençait au porto et au champagne et on finissait au whisky-soda.

Partout, d'autre part, les clubs s'étaient multipliés, et, le soir, on se retrouvait volontiers chez les Bretons ou chez les Corses, aux *Trois B* (Basques-Béarn-Bigorre) ou à *La Boule Amicale*, autour, pour pas cher, d'un couscous ou d'un plat du pays natal. Des bals annuels, en tenues folkloriques obligatoires, y rassemblaient beaucoup de monde et, jusqu'à très tard dans la nuit, on chantait en chœur *Ils ont des chapeaux ronds, Beu cieu de Pau* ou *L'Ajaccienne*.

Les célibataires, et bien des maris quand les femmes étaient parties en congés avant eux, couraient les boîtes de nuit et les bars à putes : au quartier Mozart, à Douala ; à Treichville, à Abidjan, où les *two-two*, originaires de la Gold Coast voisine, étaient tarifées « *two* shillings la secousse » ; aux alentours du port de Dakar, où, comme la salade des dîners en ville, les actrices passablement défraîchies du *Bodéga* et du *Pigalle* et les filles de *La Paillote*, de *L'Imperator* ou de *La Vie en rose* étaient importées de France. Pour peu qu'elle soit jeunette, chacun, d'autre part, se tirait sa bonne, en de longues « siestes de gouverneur ». Ces histoires-là finissaient souvent, quelques années plus tard, par un canular très classique. Quand, pris de nostalgie, un ancien rentré en France retournait faire un tour à Dakar, accompagné de son épouse, ses copains envoyaient deux ou trois jeunes métis l'accueillir au pied de l'avion, pour lui sauter au cou : « Bonjour, papa ! Bonjour, papa ! »

Quelques personnages pittoresques émergeaient du lot. Ainsi, à Dakar, le vieux père Martin, dans sa *Galerie de l'Empire* de l'avenue William-Ponty (accessoires de pêche, farces et attrapes et cotillons) ; le « docteur Stylo » (personne ne connaissait exactement son nom), qui chaque samedi après-midi quittait sa minuscule papeterie de la rue Huart pour vendre, avec un bagou époustouflant, de la « barbe à papa » dans l'avenue Albert-Saraut toute proche ; le photographe Labitte, de la rue Félix-Faure, qui était de toutes les cérémonies officielles ; Robert Lattes qui, du fond de sa petite boutique de « souvenirs africains », près de la grand-poste, disputait la vraie croix de Lorraine à ses compagnons du RPF local qui l'avaient exclu ; le journaliste Maurice Voisin, dit « Petit Jules », qui, dans ses *Échos d'Afrique noire*, dénonçait démagogiquement à longueur d'années le laxisme de l'administration, « vendue aux grosses sociétés », et les « trafics et les combines » des Libano-Syriens, qui possédaient souvent la nationalité française, en conséquence de la naturalisation de leurs familles avant l'indépendance, et qui étaient de redoutables concurrents pour tous ces petits commerçants européens ; ou bien encore, avenue William-Ponty lui aussi, Rodas, le « charcutier de l'élite », comme le rappelait avec insistance sa publicité dans le *Paris-Dakar*, qui côtoyait celle des *Trois petits cochons* où « l'élite » allait par ailleurs acheter son veau de France, de la viande de bœuf ou de mouton locale d'assez bonne qualité pour ses chiens et puis « Ah ! J'allais oublier, un *steack-boy* » — un morceau de vieille carne — pour ses domestiques.

À vrai dire, à peu près partout, ces nouveaux venus avaient vite tout submergé et, dans ces villes qui n'en étaient pas encore vraiment avant la guerre comme Conakry, Abidjan, Douala ou Libreville, ils avaient presque tout de suite tenu le haut du pavé, seul l'argent et, sans que ce soit clairement dit, la couleur de la peau, sélectionnant la clientèle du *Bar du Moulin*, au *Grand Hôtel* de Bamako, ou de l'*Akwa-Palace*, à Douala. (Troublant l'intimité des dîneurs européens, qui tenaient les Noirs à l'écart, le député-prince Douala Manga Bell, qui, à l'époque allemande, avait été élevé à l'*École des princes* de Potsdam, avant de défrayer la chronique du Palais Bourbon par ses excentricités, y était entré un soir à cheval sur la terrasse pour faire servir un seau de champagne à sa monture !) Ou bien encore, celle du bar climatisé du *Bardon*, à Abidjan, où Claude préparait dans son shaker des « caresses du forestier » à assommer un bœuf. La consécration suprême était la cooptation au *Rotary* ou, à défaut, au *Lions Club*, qui firent alors leur apparition sous les tropiques et où il valait mieux être blanc de blanc pour y être admis.

À Dakar, cependant, la *gentry* d'avant-guerre avait à peu près résisté et conservé ou recréé quelques fiefs. Les héritiers des vieilles maisons bordelaises s'y retrouvaient entre eux, avec ceux que, parmi les nouveaux, ils voulaient bien agréger à leur groupe un peu désuet. Certains habitaient toujours les anciennes demeures coloniales des rares endroits encore privilégiés du plateau, comme l'avenue Courbet et ses alentours, ou bien les appartements de très bon standing d'une demi-douzaine de grands immeubles tout récemment construits autour de la place Protêt, rebaptisée place de l'Indépendance, dont les larges balcons et les terrasses dominaient la ville. Mais la plupart avaient migré loin du centre, bien au-delà de la Médina, dans le nouveau quartier résidentiel de Fann, le long de la corniche du même nom, qui était à présent desservie par une rocade goudronnée et où ils avaient fait bâtir des villas ultramodernes, avec piscines et courts de tennis. Quelques dizaines de hauts fonctionnaires résidaient également dans ce nouveau quartier, généralement un peu à l'arrière de ces villas patriciennes.

En fin de journée et le week-end, ces *happy few*, un peu cul-serré, se retrouvaient au vieux *Cercle de l'Union*, où une joviale quadragénaire de « bonne famille » comme eux mais, elle, pleine d'humour et parlant cru, menait le train : *Bélé-Bélé* — ce qui en bambara, veut dire gros, très gros même (elle pesait au moins 120 kilos !). Ou bien on les retrouvait au *Cercle de la voile*, au tennis du *Sporting* du boulevard Roosevelt ou au *Golf Club* de Cambérène, de création récente l'un et l'autre. Comme au *Rotary*, il fallait être dûment parrainé pour pouvoir être admis dans ces hauts lieux du snobisme colonial sur la Côte d'Afrique, dont la troupe des exclus jalousait confusément les habitués.

Pour les jeunes filles de ces bonnes familles, le passage de la *Jeanne* (le navire-école de la marine française, la *Jeanne d'Arc*) était l'évènement de l'année — une sorte de « bal des débutantes ». Dès le début du cocktail offert aux parents, qui feignaient de ne rien voir, les *midships* partaient à l'assaut de ces demoiselles et, le soir tombé, ces idylles éphémères se terminaient par de longues séances de tripotage dans les recoins des coursives où, parfois, celles d'entre elles qui n'avaient encore jamais vu le loup voyaient pour la première fois de leur vie un vrai « loup de mer ». S'être fait dépuceler sur la *Jeanne d'Arc*, c'était ensuite pour elles un souvenir inoubliable.

Tous ces privilégiés couchaient beaucoup ensemble. Mais ces aventures ne duraient d'ordinaire pas très longtemps et tournaient rarement au drame. Tout simplement, ils « faisaient la fête ». Comme le soir où Nicole Cavalier, une superbe métisse de Pondichéry, fille d'un haut magistrat, que nous appelions toujours de son nom de jeune fille, n'était arrivée que très tardivement au dîner, sans son mari, allongée toute nue sur un grand plateau tenant toute la table, entièrement recouverte de chocolat. Chacun avait pu laper un peu. Là il y avait eu divorce ; mais chacun s'était rapidement recasé de son côté, la belle Nicole trouvant enfin chaussure à son pied, en épousant un célèbre « chausseur sachant chausser ».

Autre affaire qui s'était bien terminée, celle de maître Raymond Gabolde, le fils d'un ancien ministre de la justice de Pétain, qui était l'associé de Pierre Reyss dans un des deux plus gros cabinets d'affaires de Dakar (celui, autrefois, de Paul Defferre), l'autre étant celui de maître Bonifay. Coco, sa femme, fatiguée de ses infidélités, s'était tirée aux Antilles avec un étudiant en médecine, pour aller s'y occuper de bateaux de milliardaires. Mais Raymond s'était aussitôt mis en ménage à trois avec le directeur d'une compagnie pétrolière et son épouse, insatisfaite des performances de son mari un peu trop porté sur le whisky. Tout le monde était content. On les voyait partout ensemble. Plus tard, la retraite venue, ils s'étaient retirés tous les trois dans deux maisons voisines, dans un petit village de Savoie où, là, il fallait quand même sauver un peu les apparences.

Comment ne pas évoquer, aussi, la liaison de Robert Decomis, alors directeur des huileries Lesieur, et de l'épouse de l'amiral Vibert. Une liaison si affichée que Jacques Foccart, que la dame avait fort agacé lors d'un déjeuner à l'ambassade de France, l'évoque dans ses *Mémoires*. Mais l'amiral n'avait pas sombré corps et biens pour autant et, quand il avait pris le large, pour changer de port d'attache, sa femme était bien à bord.

En revanche, la clientèle des restaurants à la mode était beaucoup plus mélangée : chez *Marie-Louise*, qui conservait sa réputation d'avant-guerre et où l'on dînait en musique, en bas de la rue Vincent ; au *Lido*, où se donnaient, autour d'une vaste piscine, la plupart des grandes réceptions, non loin du phare du cap Manuel ; à *La Croix du Sud*, surtout, dans l'hôtel très moderne qu'Émile Perras, abandonnant le vieux *Métropole*, avait construit en haut de l'avenue Albert-Sarraut et qu'il avait baptisé ainsi à la mémoire de Mermoz.

À la différence des Français qui vivaient autrefois sur les côtes d'Afrique et que leur relatif isolement amenait à s'intégrer le plus possible dans le milieu indigène, ces nouvelles communautés, nombreuses et socialement beaucoup mieux équilibrées, étaient, au contraire, très coupées de leur environnement autochtone. Hormis quelques vieux broussards, plus personne parmi les Européens ne parlait le ouolof au Sénégal, le peuhl en Guinée ou le moré en Haute-Volta. La ségrégation urbaine de fait qui s'était déjà affirmée à Dakar avant la guerre prévalait à présent à peu près partout. À l'exception de quelques catégories relativement privilégiées (fonctionnaires et agents commerciaux d'un certain rang), pour lesquels on avait commencé à construire, aux limites de la ville, des habitations modernes bon marché quoique assez coquettes, comme celles des SICAP (la « Société immobilière du cap Vert ») à Dakar, les indigènes s'entassaient dans des zones plus populeuses et éloignées du centre et des autres quartiers européens : en Médina, à Reubeuss et à Pikine, à Dakar ; à Treichville et à Adjamé, à Abidjan ; à New-Bell, à Douala ; à Poto-Poto, à Brazzaville. Paradoxalement, alors que les Africains qui avaient été scolarisés étaient de plus en plus nombreux et que les plus brillants d'entre eux sortaient maintenant chaque année par centaines des meilleures universités métropolitaines, ramenant souvent des épouses françaises avec eux au pays (blanches comme des endives — exotisme à l'envers —, rarement jolies et très vite cocues), les Blancs, pour la plupart, les tenaient plus que jamais à l'écart en dehors des lieux de travail — ce qui ne les empêchait pas, repliés dans leurs cercles et dans leurs clubs, de disserter sentencieusement sur les mérites respectifs de ce qu'ils appelaient de façon équivoque les « évolués », « l'élite » et les « ménages dominos » — des ménages qui, quinze à vingt ans plus tard, seront à l'origine d'une nouvelle catégorie de Français dont le nombre ne cessera de croître, des métis avec des patronymes sénégalais, alors que les mulâtres d'autrefois avaient tous des noms français.

À la fin des années 1950, tout ce petit monde devait se reconnaître béatement dans *Asizah de Niamkoko*, un roman parternaliste de Henri Crouzat, situé de façon vague dans le Togo de 1946-1947 et dans lequel, cependant, l'auteur ne ménageait pas les petits fonctionnaires et les petits commerçants européens, tout en se gaussant, à grand renfort de clichés douteux, des premiers pas des nouveaux politiciens africains.

Au demeurant la plupart de ces Français appréciaient mal l'enjeu et l'ampleur des évolutions politiques en cours, qu'ils déploraient plus ou moins ouvertement mais dont, pour préserver malgré tout l'avenir, ils entendaient généralement ne pas se mêler, profondément convaincus qu'ils étaient que, quoi qu'il arrive, on aurait toujours besoin d'eux pour continuer à assurer la bonne marche des services et à faire tourner convenablement les entreprises. Ils n'en étaient pas moins d'un anticommunisme viscéral et portés à déceler la main de Moscou derrière la moindre manifestation syndicale, ce qui, en Côte d'Ivoire, les avait conduits à voir dans le RDA (le Rassemblement démocratique africain) leur principal ennemi, même bien après le retournement d'Houphouët-Boigny, son fondateur, qui était par ailleurs un grand chef baoulé et un très gros propriétaire de plantations de café et de cacao. D'une façon générale, les hommes de la Quatrième République, quelle que soit leur appartenance, n'étaient pour eux que des « bradeurs d'empire », et, tout naturellement, ils avaient tourné leurs regards vers de Gaulle qui les combattait, l'« homme de Brazzaville » étant seul à même, selon eux, de maintenir la souveraineté française au sud du Sahara comme en Afrique du Nord. Dès sa création en 1947, le Rassemblement du peuple français (RPF) s'était donc aisément implanté parmi eux ; mais, à la différence de la SFIO ou du MRP, il s'était *ipso facto* coupé d'à peu près tous les leaders africains en train de s'affirmer, hormis de quelques chefs traditionnels nostalgiques eux aussi du passé (cette situation ne devait changer qu'avec le retour du Général au pouvoir et son ralliement tardif aux thèses libérales, que n'avaient guère prévu ses partisans de l'AOF et de l'AEF).

Dès la fin de la guerre, cependant, quelques Français d'Afrique noire avaient vu d'un œil très différent et beaucoup plus lucide les évolutions qui s'amorçaient, et ils s'étaient attachés à s'y adapter, voire à les favoriser. Par la suite, leur nombre s'était sensiblement accru.

Dès 1944, tout d'abord, quelques centaines de militants communistes et cégétistes s'étaient efforcés de recruter et de former des adeptes africains dans presque tous les territoires ; avec la complicité de quelques administrateurs progressistes, ils avaient même joué un rôle très important dans la création du RDA ; avec l'appui du gouverneur Latrille, à Abidjan, par exemple. Très vite, cependant, leurs rivaux socialistes, qui avaient replacé Marius Moutet à la tête du ministère des Colonies, avaient commencé à les contrer, et, après la rupture intervenue à Paris, en 1947, entre le PCF et les autres partis issus de la Résistance, ces militants communistes avaient été de plus en plus systématiquement pourchassés et contraints à rentrer en métropole, après avoir perdu leurs emplois. Seuls quelques-uns s'étaient accrochés, acceptant de vivre dans des conditions précaires, les plus chanceux réussissant à se faire élire conseillers territoriaux sur les listes du second collège (celui des Africains). On devait en retrouver certains, une dizaine d'années plus tard, au moment de l'indépendance, dans l'entourage de Sékou Touré, en Guinée, et de Modibo Keita, qui allait devenir le président du Mali, au Soudan.

De leur côté, après avoir allégrement confondu en doctrine et mélangé en pratique pendant toute la conquête coloniale le combat pour la croix du Christ et celui pour le drapeau tricolore, les missionnaires catholiques français s'attachaient à présent à proclamer, au contraire, le caractère exclusivement supranational de leur entreprise évangélique. Conscients de la concurrence de plus en plus dure de l'islam et soucieux d'attirer le plus possible à eux les élites modernes, avant de les pousser à s'engager systématiquement dans l'action politique et syndicale, ils accéléraient au maximum la constitution d'un clergé indigène, qu'ils avaient à vrai dire entreprise dès avant la guerre. En même temps, ils affirmaient ouvertement — et cela était par contre tout à fait nouveau — la légitimité de l'aspiration des Africains à gérer leurs propres affaires (ainsi, par exemple, dans une lettre pastorale du 24 avril 1955, qu'avaient mise au point tous les chefs des missions de l'AOF, une lettre qui avait fait grand bruit). À Dakar — où, cependant, le délégué apostolique, Mgr Lefèvre (qui devait faire beaucoup parler de lui par la suite, une fois rentré en France) s'efforçait de canaliser cette évolution qu'il jugeait, quant à lui, à maints égards maléfique —, l'hebdomadaire catholique *Afrique nouvelle*, qui était diffusé dans presque toute l'Afrique noire française, se portait même, comme *Témoignage chrétien* en France, à la pointe du combat anticolonialiste. Ces « curés rouges », comme les qualifiaient évidemment leurs nombreux adversaires (qui étaient souvent, eux aussi, de « bons chrétiens »), avaient, d'autre part, suscité la création d'un petit parti progressiste, proche du PAI (le Parti africain de l'indépendance) communiste de Majhemouth Diop : le MLN (le Mouvement de libération nationale) ; mais ses principaux chefs de file, comme Joseph Ki Zerbo, en Haute-Volta, ne réussirent jamais à vraiment percer en politique.

  Puis, venant d'un bord tout à fait opposé, il y eut vite la petite cohorte des opportunistes, qui devait s'étoffer peu à peu, au fur et à mesure qu'allaient s'affirmer les nouveaux leaders africains et qu'il devint de plus en plus clair que ceux-ci seraient demain les maîtres du pays. Tout d'abord, ce furent plutôt des personnalités marginales qui se piquaient plus ou moins de progressisme et qui, généralement, tentaient de se faire élire, elles aussi, au titre du second collège, en jouant de quelques amitiés africaines. Mais, dès le début des années 1950 — notamment après l'apparentement de Houphouët à l'UDSR de François Mitterrand et son intégration dans les cercles dirigeants du pouvoir métropolitain —, ces « pionniers » furent rejoints, et biens souvent éclipsés, par quelques-uns des principaux chefs de file du secteur privé colonial le plus authentique, qui étaient souvent déjà des membres des assemblées locales, mais au titre quant à eux du premier collège (presque exclusivement réservé aux Blancs). On allait même trouver quelques-uns de ces « réalistes » — qui, une dizaine d'années plus tôt, se réclamaient presque tous des « États généraux de la colonisation française » — dans la plupart des gouvernements de la loi-cadre puis des premières années de l'indépendance. Ils devaient quand même avoir le mérite de faciliter ainsi quelques transitions.

Au total, à la différence de ce qui se passait au même moment en Afrique du Nord, il n'y eut jamais de grandes tensions entre Français et Africains au sud du Sahara — la Guinée et le Cameroun mis à part mais plus pour des raisons initiales de rivalités internes que d'opposition à la métropole, qui commençait à se replier par étapes et en bon ordre.

Au Sénégal, en tout cas, où les originaires de Dakar, Saint-Louis, Gorée et Rufisque jouissaient depuis très longtemps de la citoyenneté française, la situation, de ce point de vue, était plutôt exemplaire. Depuis la fin du XIXe siècle, une vie politique très active s'y était développée, et quelques Européens s'en étaient toujours mêlés, dans le sillage des principaux leaders autochtones. La présence de Français d'origine métropolitaine dans la vie publique locale de l'après-guerre relevait donc ici, dans une large mesure, d'une vieille tradition. Plusieurs d'entre eux, du reste, avaient déjà commencé à se manifester à ce titre dès la fin des années 1930. C'était le cas, notamment, de plusieurs militants de la SFIO qui se retrouvaient dans l'entourage de Lamine Guèye, en particulier de maître Paul Bonifay, qui allait exercer jusqu'à l'indépendance, et même au-delà, un pouvoir d'influence pas du tout négligeable, même après la rupture de Senghor avec le vieux leader, dont il avait été un temps le brillant second.

Dès juillet 1945, les socialistes avaient enlevé la mairie de Dakar aux radicaux d'Alfred Goux et, deux ans plus tard, Bonifay (qui, avant cela, pendant la guerre, avait rallié Londres puis Alger, en qualité de magistrat militaire) s'était retrouvé premier adjoint de Lamine Guèye, en même temps qu'il se faisait élire à l'Assemblée territoriale. Fort de ces deux mandats, qu'il devait conserver jusqu'à l'indépendance, et aussi de la présence de nombreux membres ou sympathisants de la SFIO dans la haute administration de la France d'outre-mer pendant toute cette période, il allait vite devenir par ailleurs un des principaux avocats d'affaires de Dakar, jouant inlassablement les intermédiaires conciliants entre les différents pôles dominants de la vie sociale sénégalaise, publique et privée, européenne et africaine. Les « proconsulats » de Paul Béchard, nommé par Marius Moutet haut-commissaire de la République en AOF en 1947 (peu après une visite officielle de Vincent Auriol, la première d'un président de la République en Afrique noire), puis de Gaston Cusin (dont le secrétaire général était le jeune Michel Jobert), nommé par Gaston Defferre au même poste en 1956, furent les grandes époques de ce magistère officieux, exercé avec bonhomie et bonne humeur [2].

---

2. De la démission du gouverneur général Boisson en 1943 à l'indépendance en 1960, l'AOF eut successivement à sa tête les

Chaque samedi en fin de matinée, *Bouna Faye*, comme l'avaient surnommé familièrement les Sénégalais, recevait à l'apéritif (pastis et whisky bien « tassés », exclusivement, sans la moindre cacahouète à grignoter), dans sa petite villa de la rue Carnot entourée de bougainvillées, ses amis venus des horizons les plus divers et la plupart des personnalités de passage, avec en contrepartie pour seule obligation — comme à la loge, qui, en 1947, avait rallumé ses feux éteints sous Vichy et dont faisaient partie bien des invités — l'interdiction absolue de parler de politique et de religion — ce qui était la meilleure façon de préserver l'ambiance amicale de ce microcosme très hétéroclite que nous appelions « l'Abreuvoir » et où se côtoyaient les instituteurs socialistes européens de l'École William-Ponty, le président de la Chambre de commerce, Charles Tasher (qui avait succédé à Turbé), plusieurs représentants des vieilles maisons bordelaises, comme les Delmas, les vieux copains du temps du Front populaire : Jules Téty, Roger Depis, Damond (un ancien « mutin de la mer Noire », lui aussi), Émile Perras, qui lançait sa *Croix du Sud*, Charles Graziani, qui continuait imperturbablement à porter le casque de liège en toutes circonstances, et Maurice Jacquin, en train de faire fortune dans le cinéma, ainsi qu'un bon contingent de politiciens sénégalais et de fonctionnaires (magistrats, douaniers, percepteurs et agents des Travaux publics), un Grec, un « Portugalais », plusieurs Libano-Syriens et quelques filous dont le bon maître, avec l'aide de magistrats et de policiers compréhensifs, facilitait l'exfiltration vers des destinations

---

gouverneurs généraux Cournarie et Barthe et les hauts-commissaires Béchard, Cornut-Gentille, Cusin et Messmer. C'est Boisson qui, resté fidèle à Vichy, avait fait tirer sur les trois navires anglais qui avaient tenté de faire débarquer de Gaulle à Dakar, en septembre 1941.

inconnues, chaque fois que, en ayant trop fait, ils étaient sur le point d'être arrêtés — c'était son côté parrain.

Une fois par an, tout « l'Abreuvoir » embarquait sur un remorqueur de Tivolle, pour faire des ronds dans l'eau au large du port où les bateaux de notre ami étaient basés. Il n'y avait pratiquement aucun endroit pour se mettre à l'ombre. Quand nous en redescendions, après avoir passé trois heures au soleil, ayant bu encore beaucoup plus qu'à l'ordinaire, nous étions tous ensuqués, dans des états quasi comateux, et le vrai miracle était que, néanmoins, nous parvenions tous à rentrer chez nous en voiture sans jamais aucun accident, comme des automates. S'en suivaient, en revanche, des siestes de près de vingt-quatre heures.

Faire attraper une cuite à une personnalité de passage, amenée par l'un d'entre nous, était une de nos plaisanteries favorites. En milieu de journée, il faisait toujours très chaud et nous étions vraiment assoiffés — surtout quand on n'avait pas pris la précaution de boire une bonne canette de bière bien fraîche avant de venir. Sans expérience, l'Excellence de passage avalait d'un trait un de nos grands verres de whisky ou de pastis, plus troublés par des glaçons que par de l'eau, alors que, nous, nous arrosions discrètement les plantes vertes ; puis il s'en laissait servir volontiers un second. Dès ce moment-là, notre homme était perdu et ne contrôlait plus rien. Au quatrième verre, complètement bourré, il ne savait plus ce qu'il faisait. Un jour, nous avions retrouvé un éminent professeur de médecine à genoux devant le frigidaire grand ouvert, la tête fourrée dedans pour se la rafraîchir. Une autre fois, ce fut Pierre Comin, l'adjoint de Guy Mollet à la tête de la SFIO, qui avait bénéficié de notre fraternelle sollicitude. Quand, vers trois heures de l'après-midi, nous l'avions traîné, le tenant par les deux bras, jusqu'à l'ascenseur d'un grand immeuble de la place de l'Indépendance, une fois dans la cage, il avait refusé d'être accompagné jusqu'à l'appartement du dixième étage, où l'hébergeait Robert Delmas. Mais, à huit heures du soir, l'un de nous l'avait retrouvé, par terre, comme un gros tas de chiffons, dormant et ronflant béatement. Il s'était écroulé aussitôt que nous l'avions laissé seul, ne parvenant pas à se relever pour appuyer sur le bouton de son étage, et toute l'après-midi il avait remonté et redescendu tout l'immeuble, chaque fois qu'un quidam empruntait l'ascenseur, avec pour seul souci de ne pas le déranger dans son sommeil et ne pas lui marcher dessus.

Comme à la loge, aussi, et pour les mêmes raisons (éviter tous les risques de rivalités et de conflits), la présence des femmes était rigoureusement proscrite. « Le Trésor », l'épouse du bon maître elle-même, restait cloîtrée dans sa chambre jusqu'au départ du dernier d'entre nous qui, pour la plupart, ne l'avions même jamais aperçue, si ce n'est, furtivement, en allant pisser dans la salle de bains voisine. (Un trésor, n'est-ce pas, on le tient caché.) Au demeurant, on ne lui connaissait pas d'amies, encore moins d'amants, au point qu'on la pensait un peu niaise, et on ne savait trop ce qu'elle faisait de ses journées, alors que, en revanche, maître Bonifay ne se privait pas de courir le guilledou. (Après bien d'autres amantes affichées ou secrètes, il filait le parfait amour, ces années-là, avec « la Tigresse », qu'il invitait tous les vendredis soir à une petite table du fond du restaurant de *La Croix du Sud*, riant comme des fous. « La Tigresse » était l'épouse un peu métissée d'un autre habitué de « l'Abreuvoir », qui apparemment s'en foutait.)

En fait, c'était Monsieur Ba, le *boy* cuisinier du bon maître qui pourvoyait à tout. Monsieur Ba était un personnage. Petit, sec et chauve, il avait plusieurs femmes et près d'une vingtaine d'enfants. Pour faire face à ces lourdes charges, il tapait un peu chaque jour dans le portefeuille du bon maître, qui n'était pas dupe mais qui ne s'en serait séparé pour rien au monde. Un vrai pacte les liait : « Maître Bonifay, disait Monsieur Ba, il a beaucoup de pensement, alors je lui fais du bon bouffement ». Monsieur Ba était, aussi, un très fin observateur de la vie publique. Il adorait les coups d'État, qui tendaient alors à se multiplier et qu'il divisait en deux catégories toutes simples : les bons et les mauvais. Connaissant mon intérêt professionnel pour ce genre d'événement, il me faisait toujours bénéficier de ses jugements. « Tu as vu, Monsieur Pierre. Aujourd'hui, il y a eu un bon coup d'État ». Bien sûr, cela voulait dire que ce coup-là, avait réussi. Quand ce n'était pas le cas, il me disait, tout triste : « Tu as vu, Monsieur Pierre. Aujourd'hui, il y a eu un mauvais coup d'État ». Après cela, je n'avais plus qu'à balancer mes papiers au *Monde*. Des papiers qui démarraient invariablement par une formule très classique : « Dans les milieux généralement bien informés de la capitale sénégalaise... »

Pour être complet, je ne saurais oublier, enfin, qu'à « l'Abreuvoir » nous avions notre pauvre. Personne ne connaissait son nom ; mais nous l'avions tous adopté. Comme Monsieur Ba, c'était, lui aussi, quelqu'un de fort intelligent. Il avait repéré très tôt nos habitudes et notre lieu de réunion, se traînant tous les samedis vers midi, sur ses genoux et ses coudes calleux, à l'entrée de la villa de maître Bonifay, rue Carnot. Nous lui donnions tous une petite pièce. Puis nous avions appris son histoire. Dans sa prime enfance, ses parents — qui n'étaient pas les seuls à se résigner à cela, pour mieux s'en tirer ensuite — lui avaient un peu « démonté » bras et jambes, afin de le rendre plus pitoyable et plus apte à mendier ; la polio avait plus tard amélioré le résultat de l'opération. C'est alors que nous avions décidé de le prendre en charge totalement et exclusivement, écartant sans pitié et sans états d'âme tous les autres solliciteurs. Nous lui avions acheté une chaise roulante à moteur, très perfectionnée, que nous entretenions régulièrement. Quand, vers la fin des années 1970, maître Bonifay était rentré définitivement à Marseille (laissant à Monsieur Ba trois petites villas dans les « SICAP », pour assurer ses vieux jours — une pour lui et toute sa marmaille et deux autres pour louer) et que « l'Abreuvoir » était devenu, de ce fait, itinérant, se tenant tantôt chez l'un d'entre nous, tantôt chez un autre, parfois dans des quartiers très éloignés du centre de Dakar, notre pauvre était toujours là, avec une ponctualité remarquable. Chaque samedi, nous lui donnions, tous, autour de 5 000 francs CFA « anciens » (environ 15 euros). Sachant que nous étions une bonne cinquantaine de présents réguliers, faites le compte. Une vraie *success story*. Puis, il y a deux à trois ans de cela, notre pauvre a soudainement disparu, écrabouillé par un « S'en fout la mort » — un gros camion, chargé des paquets de ses voyageurs jusqu'à une fois et demie de plus que la hauteur de ses ridelles et roulant à plus de cent cinquante kilomètres à l'heure et qui ne s'était même pas arrêté. Nous ne l'avons pas encore remplacé. Pour adopter un pauvre bien à soi, il faut du temps ; on ne choisit pas n'importe qui dans une ONG !

En revanche, une nouvelle amusante m'est parvenue, ces temps-ci, jusqu'à Paris. Depuis quelques mois, des « putes islamiques » ont commencé à tourner autour des habitués de « l'Abreuvoir », postées près de leurs voitures, dans l'attente de leur départ pour la sieste. Complètement nues sous leurs *abaya* noires, qui les recouvrent du cou aux pieds, un *hijab* beige bien serré tout autour du visage et un *litham* blanc sur le nez, des yeux au menton, elles sont, m'a-t-on assuré, aussi excitantes pour les pervers que nous sommes qu'autrefois les « veuves » et les « jeunes mariées » qui arpentaient les grands boulevards parisiens, avant que « tante Yvonne » amenât le Général et son gouvernement à mettre un terme à d'aussi réjouissantes pratiques. Dieu, que la vertu est triste !

Les cantines des coopérants

Pendant les années 1980, les Français qui vivaient encore dans l'Afrique que leurs aînés avaient conquise et dominée le siècle précédent, en pensant que le nouvel ordre des choses qu'ils avaient instauré resterait immuable, avaient perdu le sentiment de faire l'histoire. L'ancien monde colonial s'était effondré. Il n'y avait plus d'explorateurs ni de conquérants, plus de commandants de cercles, plus de chefs de maisons de commerce aux réseaux serrés d'escales et de comptoirs, plus même de militants blancs de partis nationalistes noirs jouant les utilités. À présent, près de trente ans après les indépendances, ceux qui étaient encore là — les anciens, dont les rangs s'éclaircissaient rapidement, et les nouveaux, qui n'effectuaient d'ordinaire que des séjours de quelques années — sentaient qu'ils étaient venus trop tard, qu'ils jouaient les prolongations. En fait, de l'indépendance et des luttes politiques entre Sénégalais (entre Senghor et Mamadou Dia, entre Abou Diouf et Abdoulaye Wade, entre Habib Thiam et Mustapha Niasse), tout le monde se foutait. Mais ce n'était pas nouveau.

Globalement, pendant une vingtaine d'années, le nombre des Français vivant en Afrique noire francophone n'avait pas trop diminué. À la fin des années 1980, ils étaient près de 120 000, contre environ 150 000 en 1960, soit encore quatre fois plus qu'à la veille de la guerre, en 1939. Cependant, du fait des évolutions politiques et économiques divergentes de leurs pays d'accueil, leur répartition géographique s'était beaucoup modifiée. Ils avaient presque complètement déserté la Guinée dictatoriale et ruinée de Sékou Touré, où ils étaient environ 15 000 à la veille de l'indépendance. Leur nombre avait diminué des deux tiers — de près de 60 000 à moins de 20 000— au Sénégal, dont la capitale avait perdu ses fonctions fédérales et qui avait socialisé son circuit arachidier, tuant sa poule aux œufs d'or, en substituant aux anciens traitants des coopératives qui n'avaient aucune chance de bien fonctionner, tandis que Lesieur, spolié, vendait toujours son « huile douce », fabriquée avec de moins en moins d'arachide ! Leurs petites communautés n'avaient cessé de se réduire dans la plupart des pays du Sahel, dévastés par la sécheresse et par une étatisation souvent excessive, comme au Mali, l'ancien Soudan. À l'inverse, une expansion économique exceptionnelle, dans des contextes plus libéraux, avait provoqué leur afflux en Côte-d'Ivoire et au Gabon, où ils étaient passés respectivement d'à peine 15 000 à plus de 50 000, et de moins de 10 000 à plus de 30 000. D'autre part, à peu près partout, ils s'étaient repliés dans les capitales ou dans les métropoles économiques portuaires, comme Douala et Pointe Noire, abandonnant les petites villes de l'intérieur et les anciens comptoirs de brousse, qui d'ordinaire avaient périclité. Puis, ces toutes dernières années, sous l'effet de la crise économique mondiale, qui avait même frappé les pays jusque-là les plus prospères, et d'une accentuation des politiques d'africanisation des emplois que cette crise avait souvent provoquée, le mouvement de reflux s'était accéléré. Les Français n'étaient guère plus de 30 000 en Côte-d'Ivoire et moins de 20 000 au Gabon, et, au total, malgré une petite remontée en Guinée, ils étaient en passe de tomber en dessous de la barre des 100 000 dans l'ensemble de l'Afrique occidentale et équatoriale, y compris les quelques milliers qui étaient implantés dans l'ancien Congo belge (le Zaïre), ainsi qu'au Nigéria et dans les autres pays non francophones — soit désormais très nettement moins que les Noirs vivant en France. Puis, une dizaine d'années plus tard encore, le déclin devait encore beaucoup s'accentuer, la Côte-d'Ivoire, après le Tchad, le Congo et le Zaïre, se retrouvant à feu et à sang, vidée d'à peu près tous ses Français. Au début des années

2000, ils ne seront guère plus qu'une quarantaine de mille au total, soit l'équivalent de leur nombre au déclenchement de la seconde guerre mondiale, et, là-dessus, un tiers seulement seront franco-français, les autres étant des franco-libanais ou, de plus en plus, des franco-sénégalais et même, en nombre grandissant, des sénégalo-sénégalais naturalisés en France, où ils avaient afflué dans les années 1960-1970 de forte expansion économique, avant de rentrer au pays, avec leurs retraites de la sécurité sociale.

Parallèlement, des mutations professionnelles importantes s'étaient produites.

Depuis le début des années 1960, tout d'abord, le dispositif militaire français avait été fortement réduit. Alors qu'était constituée en métropole une puissante force d'intervention rapide (environ 15 000 hommes cantonnés en Bretagne, dans le midi de la France et en Corse), la plupart des anciennes bases africaines avaient été abandonnées et celles qui avaient été maintenues n'abritaient plus que des effectifs restreints : environ 1 200 hommes des trois armes à Dakar, au Sénégal, et respectivement 450, 850 et 1 500 hommes des armées de terre et de l'air à Port-Bouët, en Côte-d'Ivoire, à Bangui et à Bouar, en Centrafrique (depuis l'opération « Barracuda » de 1979), et à Libreville, au Gabon — les effectifs stationnés dans ces deux derniers pays ayant, en fait, beaucoup varié en fonction des interventions au Tchad. D'autre part, quelques centaines d'assistants techniques étaient répartis auprès d'une quinzaine d'armées nationales, essentiellement auprès de leurs états-majors et dans des centres de formation, comme à Atar, en Mauritanie, ou à Mbanza-Ngungu (une école de blindés), au Zaïre. Enfin, des médecins du corps de santé militaire avaient été maintenus en plusieurs endroits, notamment à Dakar, où ils allaient diriger pendant pas mal d'années encore le vieil Hôpital Principal. En fin de compte, tout cela ne représentait plus, en permanence, que 4 500 hommes environ — que venaient renforcer de temps en temps des troupes expédiées de France pour des opérations ponctuelles ou pour des manœuvres conjointes avec les armées des États qui, comme le Sénégal, la Côte-d'Ivoire ou le Togo, avaient conclu avec la France des accords de défense et pas seulement de coopération militaire. Quant aux 3 700 hommes environ qui étaient par ailleurs stationnés à Djibouti, ils relevaient, en fait, du dispositif de l'océan Indien.

D'autre part, en même temps que ce redéploiement militaire, avait été parachevé le processus — engagé dès 1957, lors de l'entrée en vigueur de la loi-cadre — de remplacement des administrateurs et des agents techniques de la France d'outre-mer par de jeunes conseillers sans grande expérience qui n'avaient jamais servi jusque-là qu'en métropole. Au sein de ce groupe, en outre, en près de trente ans, des changements importants étaient également intervenus.

Très vite, la quasi-totalité des administrateurs était rentrée en France, reconvertie dans les autres grands corps de l'État, notamment dans la diplomatie — ce qui en avait conduit quelques-uns à se retrouver quelques années plus tard ambassadeurs dans des capitales où, en d'autres temps, ils auraient pu devenir gouverneurs. Assez vite, d'autre part, le nombre de conseillers servant auprès des chefs d'État et dans les ministères de souveraineté s'était presque partout beaucoup réduit, le Gabon et la Côte-d'Ivoire faisant dans une certaine mesure exception. Puis, un peu plus tard, les ministères techniques avaient été à leur tour touchés par l'africanisation et, année après année, les ingénieurs, les agronomes, les médecins et les économistes français avaient cédé leurs places à leurs homologues autochtones. Seuls, les enseignants du secondaire et du supérieur avaient résisté plus longtemps, du fait de la multiplication des lycées et collèges, et aussi des universités. Finalement, en plus d'un quart de siècle, le nombre total des coopérants français en Afrique subsaharienne avait diminué des deux tiers, et était tombé d'environ 33 000 à guère plus de 12 000, les enseignants tendant à constituer plus des trois cinquièmes de ces effectifs. Mais, ces années-ci, ces effectifs eux-mêmes n'avaient encore cessé de fondre, jusqu'à n'être plus qu'un millier (les enseignants des lycées et des collèges du réseau scolaire français exceptés).

D'autre part, pour des raisons d'économie, une baisse certaine de niveau s'était produite. Près d'un tiers de ces conseillers et surtout de ces enseignants étaient des jeunes gens d'ordinaire assez bien diplômés mais à peu près sans expérience, envoyés en coopération au titre du service national. En outre, beaucoup d'entre eux restaient ensuite dans le pays, ou se faisaient affecter dans des États voisins, avec des statuts assez précaires de contractuels, aux lieux et places de fonctionnaires titulaires « détachés au barème », forcément plus coûteux ; nombre de professeurs contractuels du secondaire servaient même dans le supérieur. En brousse, pendant ce temps, des « volontaires du progrès » et d'autres représentants d'organisations caritatives non gouvernementales, pleins d'enthousiasme et d'illusions, acceptant de vivre de façon très frugale mais bien souvent sans grande pratique préalable eux aussi, avaient remplacé en maints endroits les agronomes d'antan et les vieux missionnaires et leurs bonnes sœurs. À l'inverse, des bureaux d'études en tout genre vendaient leurs services et leurs experts à prix d'or à des ministères qui se trouvaient finalement par trop démunis, quand des Canadiens ou autres « parlant français » n'avaient pas pris la place entre-temps.

Dans le commerce et l'industrie, enfin, des évolutions analogues s'étaient aussi produites. Dès les années 1960, les vieilles maisons européennes s'étaient repliées sur le « cordon douanier » et elles avaient abandonné à peu près partout leurs comptoirs de brousse, cédés d'ordinaire, pour des francs symboliques, à d'anciens employés africains, en échange de vagues promesses de maintien de leur clientèle. Ultérieurement, elles avaient « filialisé » par branches leurs principales activités (automobile, matériel d'équipement ménager ou de bureau, tissus, quincaillerie, etc.) et elles avaient africanisé le capital des nouvelles sociétés ainsi créées dans des proportions allant souvent jusqu'à des cessions de majorité, contre, dans ces cas-là aussi, des assurances d'approvisionnement prioritaire auprès de leurs bureaux d'achat parisiens, marseillais ou bordelais. De leur côté, les agences d'industries métropolitaines qui s'étaient installées en Afrique noire après la seconde guerre mondiale avaient été progressivement fermées et remplacées par des sociétés autochtones. Et puis, bien sûr, dans les pays qui se réclamaient à divers degrés du socialisme, avaient eu lieu de nombreuses nationalisations. Tout cela avait entraîné à la longue d'importantes réductions du personnel européen, tout d'abord dans les emplois de moindre qualification. Il n'y avait plus de caissières françaises dans les grands magasins, et presque plus de secrétaires blanches dans les bureaux. Un à un, par ailleurs, les notaires, les avocats, les experts-comptables, les médecins et les pharmaciens de l'ancienne métropole avaient presque tous cédé leurs charges, leurs cabinets ou leurs officines à des confrères africains. Quant aux petits commerçants et aux artisans, faute de clientèle suffisante, ils avaient pour la plupart fermé boutique, et des nationaux ou, plus souvent, leurs vieux concurrents libanais — toujours plus frugaux et mieux adaptés qu'eux aux pratiques du pays, le dos au mur aussi quand ils n'avaient pas acquis entre-temps la nationalité française — s'étaient installés à leur place. Seuls, les bars et les restaurants avaient un peu mieux résisté. À partir des années 1970, le développement du tourisme, notamment au Sénégal — sous le signe des trois S (*Sea, Sun, Sex*) — avait donné le sentiment que, malgré les évolutions qui viennent d'être décrites, les Blancs étaient beaucoup plus nombreux qu'auparavant ; mais c'était évidemment fallacieux.

En Côte-d'Ivoire et au Gabon, cependant, jusqu'à ces toutes dernières années, l'évolution avait été très différente. En 1980 encore, il y avait plus de coopérants et d'experts dans de ces deux pays réunis que de fonctionnaires coloniaux dans toute l'AOF et l'AEF au début des années 1930. Surtout, comme au Sénégal après la seconde guerre mondiale, le boom économique avait entraîné un afflux de Français de toutes professions et de tous niveaux qui, vingt ans plus tard — vingt ans après l'indépendance —, donnaient encore à Abidjan et à Libreville des allures de capitales de colonies de peuplement. Plus récemment, Douala, Port-Gentil et Pointe-Noire avaient également tendu à ressembler à cela durant les quelques années de haute conjoncture pétrolière que le Cameroun et le Congo, comme le Gabon, avaient connues.

Hormis quelques cas sociaux, pour presque tous ces Français qui étaient restés ou qui étaient venus en Afrique noire après les indépendances, les conditions de vie étaient plutôt faciles et n'avaient en tout cas plus rien à voir avec celles d'autrefois.

Les fièvres endémiques, souvent mortelles, qui jusqu'au début du siècle avaient terrassé leurs aînés, avaient presque complètement disparu. En cas de maladies graves ou d'accidents imprévus, ils étaient rapatriés aussitôt en France par avion, dès que l'hôpital du lieu n'était pas assez bien équipé. De ce fait, il n'y avait plus du tout d'obstacles à la venue des femmes et des enfants, et, même en plein Sahel ou au cœur de la forêt équatoriale, c'étaient des ménages tout à fait semblables à ceux d'Europe qui constituaient désormais l'essentiel des communautés françaises là où, moins d'un demi-siècle plus tôt, il n'y avait presque que de jeunes hommes célibataires.

La France n'était du reste plus, à présent, qu'à quelques heures d'avion et, dans les années 1970, alors que disparaissaient les derniers grands paquebots assurant des trafics de passagers réguliers — le *Foch*, le *Brazza*, l'*Ancerville* —, le régime des congés annuels de deux mois — et non plus de quatre ou six tous les deux ou trois ans — s'était généralisé. Il devint même assez fréquent de « couper » ces congés « en deux », pour aller passer Noël ou Pâques en Europe, à moins que les grands-parents ne quittent leur Bretagne ou leur Savoie natales pour venir rendre visite à leurs petits-enfants sous les tropiques.

Les quartiers « européens » d'autrefois avaient en grande partie disparu. Plus exactement, ils s'étaient fondus dans les quartiers chics des grandes villes modernes qu'étaient devenus, surtout sur la côte, les anciens chefs-lieux coloniaux, une ségrégation urbaine strictement sociale ayant remplacé la vieille ségrégation raciale. À Abidjan, qui avait détrôné Dakar, dans le quartier du Plateau aux grands immeubles futuristes (où Jean-Paul II était venu inaugurer en 1985 une cathédrale d'avant-garde), comme à Cocody aux villas « californiennes », les « grands Blancs » avaient pour voisins les « grands Noirs » de la bourgeoisie nationale. Ces villas étaient climatisées comme des frigos de boucher — ce qui permettait l'installation de cheminées de pierre pour des feux de bois. Très chic ! Les moins bien nantis, notamment la plupart des coopérants, se contentaient d'immeubles plus anciens et moins confortables ou de villas plus modestes dans des quartiers excentrés ; mais, là aussi, à revenus à peu près égaux, Blancs et Noirs étaient mélangés. En Côte-d'Ivoire, par exemple, ce n'était plus que dans les quartiers populaires et souvent insalubres d'Adjamé, de Treichville ou de Yopougon que l'on ne trouvait toujours pas d'Européens, quelques « épaves » exceptées. On pouvait faire des constatations semblables à Dakar, à Brazzaville ou à Douala.

Tous ces logements d'Européens étaient, d'autre part, fort bien équipés. De même que, dans les années 1950, les réfrigérateurs électriques avaient fini par remplacer ceux à pétrole et les antiques glacières, la décennie suivante avait vu la disparition des vieux brasseurs d'air, progressivement supplantés par des climatiseurs. Puis, plus récemment, comme en Europe, avait déferlé la « vidéo ». Depuis longtemps, les meubles n'étaient plus que rarement de fabrication locale, mais importés à grands frais de France ou d'Italie, avec de coûteux bibelots d'ordinaire assez baroques, tandis que, dans l'entrée ou dans un coin du salon près du bar, une paire de défenses d'éléphant finissait souvent d'attester de l'aisance ostentatoire du maître de maison. Meublés par l'Administration, les coopérants devaient se contenter, quant à eux, de « bas de gamme » assez démodés — fauteuils et divans recouverts de similicuir ou de velours pelucheux. À Dakar, d'autre part, dans les milieux qui se piquaient d'un certain intellectualisme, la mode était depuis quelques années aux vieux meubles coloniaux restaurés, tandis qu'aux murs étaient accrochés les derniers peintres noirs en vogue, les naïfs, comme Mbor Faye ou Mbengue (un maître du « fixé sous verre »), faisant prime. En fait, tout ceci n'était pas très différent de ce que l'on pouvait voir ces années-là dans les milieux sociaux analogues de l'Hexagone, où, à l'inverse, la mode *black* s'était beaucoup répandue.

Comme autrefois, on continuait à se recevoir beaucoup. Mais, à présent, des ménages africains faisaient assez souvent partie des convives, de même qu'on les retrouvait en nombre dans les clubs du *Rotary* ou du *Lions Club* qui s'étaient multipliés aux lieux et places des vieilles « amicales » régionales et des anciens « cercles », de plus en plus dédaignés (à Dakar, le vieux *Cercle de l'Union* avait même été démoli en 1963 et, sur son emplacement, un grand hôtel, le *Teranga* (« Bienvenue »), avait été construit). Les confréries vineuses (« Tastevin », « Rôtisseurs », « Compagnons du Beaujolais ») faisaient également recette. On intriguait beaucoup, aussi, pour être invité aux innombrables cocktails des ambassades, et un carton pour une soirée en smoking à la présidence les soirs de fêtes nationales valait consécration. Le dimanche, dans les pays côtiers, tout le monde se retrouvait à la plage, dans de petits bungalows, comme ceux de l'île de Ngor près de Dakar — « Notre bidonville de luxe », avait ironisé un jour Senghor.

La célébration du 14 juillet posait, en revanche, beaucoup de problèmes. En principe, tous les ressortissants français étaient invités ; mais, dans les capitales où ils étaient très nombreux, c'était une gageure. En fait, outre les représentants des chancelleries étrangères et des ministères, seuls les notables recevaient des cartons personnels, souvent même portés par des plantons, et un salon spécial, avec champagne et petits fours, leur était réservé. Tous les autres devaient, par contre, aller retirer eux-mêmes leur document d'invitation au consulat les jours précédents, avant de se retrouver au-dehors, sur le gazon de la résidence, où ils pouvaient saucissonner et boire du gros rouge au tonneau, s'ils avaient accepté d'effectuer au préalable cette démarche qu'ils considéraient comme humiliante.

En outre se mêlaient toujours à eux un petit groupe d'anciens combattants un peu spécial : de jeunes femmes de petite vertu, qui n'étaient pas encore nées en 1939-40, *a fortiori* en 14-18, mais qui avaient racheté les cartes des vieilles épouses d'authentiques anciens tirailleurs décédés ou mal en point, pour venir chercher fortune dans l'assistance. Leur carton à la main, elles se présentaient aux gendarmes du service d'ordre, qui n'en pouvaient mais, à moins de se faire traiter de racistes et de provoquer de petites émeutes, en disant simplement, avec beaucoup d'aplomb : « Ancien combattant ! »

Tout cela, en fait, témoignait de revenus en moyenne nettement plus élevés qu'autrefois, les « petits Blancs » ayant été peu à peu éliminés par la poussée des nationaux. En conséquence, les clivages sociaux-professionnels s'étaient estompés. Seul faisait d'ordinaire bande à part, alors que beaucoup d'entre eux étaient en double poste et avaient des revenus bien supérieurs à nombre d'employés du secteur privé, le gros des coopérants tant qu'ils s'étaient maintenus. On les appelait les « cul-blancs »[3], en brocardant leur esprit d'économie avaricieux, leurs vêtements achetés au décrochez-moi ça et leurs grosses cantines qu'ils ramenaient de chacun de leurs congés en France, où tout était moins cher, pleines pour une année entière, disait-on, de conserves, d'eau minérale aux bouteilles consignées et de papier-cul. De vrais fesse-Mathieu se plaignant tout le temps et qui, eux, ne fréquentaient pas *La Croix du Sud*.

---

3. Du fait de la couleur blanche des plaques minéralogiques de leurs voitures qui, privilège, pouvaient être importées en TT, c'est-à-dire sans acquitter de droits de douane.

On les retrouvait en revanche au *Saint-Louis* — un hôtel restaurant bon marché, que je fréquentais moi-même assez régulièrement, car c'était un lieu plein de charme, au cœur du Dakar des années 1920, avec sa cour intérieure carrée servant de restaurant, sauf à la saison des pluies ; ses arcades courant tout autour, enserrés de bougainvillées, ses chambres à l'étage, sur balcon. La clientèle, où Blancs, Noirs et métis se mélangeaient, n'avait rien à voir avec celle, friquée, de *La Croix du Sud* ; mais elle était plus intellectuelle, avec deux gloires de la littérature sénégalaise, le vieux Abdoulaye Sadji, l'auteur de *Nini Mulâtresse du Sénégal*, et, surtout, Birago Diop, le La Fontaine sénégalais, auteur des *Contes d'Amadou Nkouba*, qui ne cessait de dire du mal de Senghor, « ce Francis James des tropiques », dont il moquait la ladrerie. Sur ce chapitre-là, Senghor pouvait au demeurant rivaliser avec deux autres pingres notoires, habitués eux aussi des lieux où on les retrouvait deux à trois fois par an : le vieux René Dumont, tout auréolé de la gloire de son *Afrique noire est mal partie*, et le jeune Michel Rocard, alors patron du PSU, qui visitait régulièrement sa petite section de Dakar. Ils payaient l'un et l'autre leur écot, en pérorant pendant des heures devant quelques naïfs admirateurs, dont Jacques Bugnicourt, le directeur d'une agence des Nations unies pour le développement, l'ENDA, était le chef de file.

Bugnicourt s'était marié à la façon d'autrefois, à « la mode du pays », avec une jeune peuhle qu'il appelait sa « pupille », car elle était vraiment jeune, et qu'il avait payée deux fois, à son père puis à son oncle maternel. Ce n'était pas la peine d'être sorti de « Colo », pour être aussi ignorant des coutumes matrimoniales locales !

Le patron du *Saint-Louis*, Lucien Barbier, descendait par sa mère de la grande et prolifique famille mulâtre saint-louisienne des d'Erneville. Sa femme Lucie, venue de France, tenait le bar, calmant les disputes naissantes, assez rares, avec l'aide de Jacques Tardieu, grenouille de bénitier et grand amateur d'enfants de chœur. Bien que Barbier soit un franc-maçon fort connu, Tardieu lui tenait gratuitement ses comptes, espérant peut-être le convertir. Nos enfants — que nous menions tous les dimanches soir au *Saint-Louis*, pour manger des cuisses de grenouilles, des crabes farcis (que Barbier élevait dans une grande cage grillagée, les nourrissant, après les avoir fait jeûner, de viande, de salade et de pain trempé dans du lait) et des brochettes de *pitchs* (de petits mange-mil bien entrelardés) —, ne l'aimaient pas beaucoup, car il leur reprochait tout le temps, à haute voix, c'était une manie, de ne pas les avoir vus le matin à la messe. De leur côté, ils se moquaient de sa calvitie et l'appelaient « Le Monsieur qui a une perruque en peau de fesse ». En fait, ils avaient bien raison de se méfier du personnage qui, à la mort de Barbier, allait commettre une grosse vilenie.

La mort de Barbier était intervenue dans des conditions hallucinantes. La police était en train de perquisitionner chez lui au sujet de la plainte d'un des routards qu'il logeait à trois ou quatre par chambre (et qu'il appelait les « escargots », à cause de leurs grands sacs sur le dos, comme des maisons-carapaces). L'un d'eux s'était fait voler son appareil photo. Là-dessus le feu s'était mis à la pittoresque mosquée des mourides, mitoyenne de son établissement, que les pompiers s'efforçaient de protéger. Son cœur avait lâché subitement.

Après la tenue funèbre à la loge — les frères formant la chaîne d'union autour du cercueil ouvert, en présence de la famille proche, Lucien étant revêtu de ses décors (tablier, sautoir et gants blancs), une petite branche d'acacia sur le ventre —, le corps avait été aussitôt emporté vers le vieux cimetière de Saint-Louis où reposaient ses ancêtres. Et, là, qui avait-on vu ? Tardieu, qui faisait le bedeau et qui avait entraîné auprès de la fosse Monseigneur Goudiaby, l'évêque de Saint-Louis, flanqué de ses vicaires, venus réciter des patenôtres, tandis que, un peu à l'écart, sa maîtresse officielle, dont il avait plusieurs enfants — ce n'était un secret pour personne —, faisait la curieuse, à demi dissimulée derrière une tombe. La famille et les frangins avaient immédiatement tourné les talons. Tardieu était mort peu après, comme le cardinal Daniélou à la même époque, « dans l'épectase de l'apôtre » ; mais lui, ce n'était pas une dame qui avait provoqué sa rupture d'anévrisme, alors qu'il se livrait à des exercices spirituels un peu trop intenses. Le Diable l'avait puni.

À noter, enfin, que, ces temps-là, la vie intellectuelle dakaroise demeurait médiocre, en dépit des efforts des centres culturels de quelques ambassades, qui étaient surtout fréquentés par ces mêmes coopérants, car les spectacles y étaient d'ordinaire gratuits, ceci expliquant cela. Les vraies salles de spectacle étaient rares — à l'exception du théâtre Daniel Sorano — un enfant du pays qui avait fait une brillante carrière en France. En dehors de soirées de gala officielles, animées par des troupes de ballets locales (dont les danseuses, par dignité nationale, portaient toutes à présent des soutiens-gorge, au moment même où les femmes blanches exhibaient leurs seins à la plage), elles ne faisaient guère le plein qu'à l'occasion de la venue d'artistes de music-hall, rarement de premier plan, organisée par le *Rotary* ou le *Lions Club*. Les bons films de la production mondiale récente n'étaient programmés qu'avec parcimonie, sauf à la faveur d'une « Semaine du cinéma » français, russe ou italien.

La plupart de ces Français assuraient ne pas faire de politique ; mais les 30% d'entre eux environ qui se rendaient à leur consulat lors des grands scrutins nationaux se prononçaient dans leur très grande majorité pour les partis de droite — ceux des communautés, plus populistes et plus nouveaux riches, de Libreville, de Douala et d'Abidjan battant de ce point de vue des records.

Même « l'Abreuvoir », à Dakar, avait basculé. Une fois partis les anciens fonctionnaires SFIO, peu relayés en ce haut lieu du socialisme tropical par les coopérants et les diplomates, qui se disaient d'ordinaire « de sensibilité de gauche » mais ne voulaient pas trop se mouiller pour autant, invoquant un « devoir de réserve » qui avait bon dos, Paul Bonifay ne s'était plus retrouvé entouré, jusqu'à son retour définitif à Marseille, en 1979, que d'un ultime petit carré de vieux camarades, noyés parmi les clients de son cabinet qui ne faisaient pas quant à eux dans la social-démocratie, et, d'année en année, ce petit carré s'était lui-même effrité. Perras, Jacquin, Depis étaient morts, et Graziani aussi, qui jusqu'au bout avait porté le casque de liège. Une ambiance « vieux copains » avait été quand même maintenue, et, faute de pouvoir continuer à tirer des ficelles, on avait cultivé de plus en plus le canular. Une année, « J.P. » Lissart, qui était peintre en bâtiment, avait reçu les Palmes académiques et, une autre, « Mémé »Andréi, la Médaille du travail ; chaque fois, il y avait eu de formidables libations et Maurice Denoy, « petit poète occitan » et « chevalier d'éloquence » attitré, avait célébré l'événement en alexandrins, au milieu des vivats. Ensuite, à partir de 1980, étaient arrivés quelques nouveaux qui s'étaient tout de suite imprégnés de « l'esprit Abreuvoir », Azik (Azikavédikian), qui se réclamait de l'*Assala*, l'Armée révolutionnaire arménienne, mais qui, pour lutter à distance contre les Turcs, préférait faire bombance plutôt que poser des bombes ; ou bien Richard Alvarez, le fils d'un commandant de l'Armée républicaine espagnole condamné à mort par Franco, évadé la veille de son exécution, qui, tout jeune adolescent, avait dû partir de zéro, chez Thomson-CSF, au Pakistan puis en Argentine, à un âge où d'autres font des études universitaires, avant de finalement assez bien réussir dans les affaires, tout en devenant un des chefs de file de la Gauche française au Sénégal, lui aussi très bon vivant. Par ailleurs le nombre des Sénégalais — d'ordinaire des membres éminents de la bourgeoisie intellectuelle laïque, mal à l'aise dans le conformisme musulman officiel et pour lesquels, en revanche, l'atmosphère de notre « petit village gaulois » était revigorant — avait sensiblement augmenté. De même étions-nous régulièrement honorés de la visite de quelques diplomates français et étrangers, curieux de se retrouver dans cette institution d'un autre âge. Je me souviens, par exemple, de deux ou trois Soviétiques désemparés qui, entre deux verres, nous parlaient, sans y croire, des vertus de la *Glasnost* et de la *Perestroïka*, qui allaient régénérer le communisme agonisant ; de l'ambassadeur d'Arabie saoudite, bedonnant sous sa large chemisette, qui s'était vite révélé le plus soiffard de nous tous, ou bien, dans un tout autre genre, d'Alain de Keghel, alors second conseiller à notre ambassade — un homme très distingué et d'excellente éducation, réservé et affable, toujours très bien peigné, qui avait beaucoup de mérite à se mêler de temps en temps, par amitié pour certains d'entre nous, à tous les voyous que nous étions tout de même un peu.

Comment ne pas mentionner aussi le commissaire Bernard Vingt-Deux. (Oui ! Oui ! C'était son vrai nom !) Cet officier de police, intelligent et sympathique, détaché à Dakar par les R.G. pour s'occuper d'Interpol, était atteint d'un travers encore plus incroyable que son nom : il ne buvait que du lait ! Quand, certains samedis, il venait néanmoins nous rejoindre, c'était nous qui avions bien du mérite !

C'est alors que le strict « pastis-whisky » d'autrefois fut remplacé, chaque samedi midi, par de joyeuses agapes, que chacun offrait à tour de rôle à tout le groupe, en une espèce de « tontine » ordonnancée par l'ancien médecin du vieux maître, le docteur Jean-Claude Bernou, un des derniers à se souvenir d'autrefois, qui nous invitait à passer à table par un invariable « Bon appétit et large soif ! ». De la dégénérescence des idéologies dans les climats chauds et humides !

De fait, le temps avait passé, et le maintien de ces petites communautés françaises en ces contrées était devenu d'année en année plus aléatoire. Chacun au moins confusément le sentait. Simplement, comme à « Gorée la joyeuse » au XVIIIe siècle finissant, le temps d'une fête, on s'efforçait de l'oublier.

À Grand-Bassam et à Saint-Louis, capitales déchues, les anciens bâtiments de l'Administration achevaient de s'effondrer. Les Chavanel, les Maurel, les Delmas, les Teysseire étaient partis ou n'étaient plus que l'ombre de ce qu'ils avaient été. À Cotonou, un représentant de Doumeng faisait du troc comme au XVIe siècle, au temps de l'armateur Ango. Partout avait resurgi l'époque des intermédiaires obligatoires, des courtiers et des commissions. À Dakar, la statue de Faidherbe avait été déboulonnée, et aussi celles de « Dupont et Demba », et plus personne ne savait qui avait été Thérèse Nars, la vieille « mère Thérèse », dont le buste, inauguré en 1938 par le gouverneur général Marcel de Coppet, était encore en place en bas de l'avenue Albert-Sarraut, probablement parce qu'il était de taille si modeste qu'on l'avait oublié.

Un jour, Émile Mimran, des Grands Moulins de Dakar, avait retrouvé par hasard les ossements de la femme d'Hilaire Maurel, enfouis dans le jardin de la cour intérieure de leur ancienne maison de Gorée qu'il avait rachetée et rénovée. Il en avait aussitôt informé ses lointains descendants bordelais qui lui avaient répondu par un télégramme laconique : « Foutez tout ça à la mer ! » Il est vrai que, ces années-ci, au terme d'une évolution financière assez compliquée, Maurel et Prom est devenu un grand holding pétrolier. Plus rien à voir avec les « pistaches de terre ».

C'était la fin des cacahouètes !

RÉCITS, MÉMOIRES, TÉMOIGNAGES

L'enfant du secret
SIHAM Alexandrine
Plus de trente ans après son adoption par une famille française, l'auteur nous livre ici le récit de son parcours et sa quête des origines : depuis l'orphelinat des premières années, l'auteur évoque l'oubli, la fuite en avant vers d'autres terres d'adoption, puis le retour au Liban natal après les années de guerre. A travers ce récit autobiographique c'est la question de l'accès aux origines qui est posée et s'inscrit ainsi dans un contexte où l'accouchement sous X et l'adoption d'enfants étrangers agitent l'opinion, suscitant débats et réformes.
(Coll. Graveurs de mémoire, 17 euros, 192 p.)   ISBN 2-7475-7077-0

Casbah d'oubli
L'exil des réfugiés politiques espagnols en Algérie (1939-1962)
MARTINEZ-LOPEZ Miguel
En Février 1939, plus de 500000 républicains espagnols passent la frontière au Perthus, exode connue de nos jours sous le nom de "La retirada". Accueillis comme des droits commun, ils seront internés dans des camps de concentration tristement célèbres : Argelès-sur-Mer, Agde. Simultanément, environ 20000 antifranquistes fuyant la répression embarquent à Alicante; à partir d'Oran, ces réfugiés (comme leurs frères en Métropole) seront expédiés dans des camps, à la sortie desquels, ils devront faire face à certains comportements xénophobes.
(Coll. Graveurs de mémoire, 23 euros, 260 p.)   ISBN 2-7475-7138-6

Voyage à travers une vie. Souvenirs d'ailleurs et d'ici
BOURRIERES Paul
Dans ce récit, l'auteur relate sa propre histoire au travers d'événements du 20ème siècle de 1914 à 1994. C'est d'abord l'école professionnelle, puis le moment d'entrer dans la vie active, ponctuée par la guerre, l'occupation, les deuils, les défaites. En 1942, la vie aventureuse commence : dix ans en Afrique Noire dont 40 jours à pied dans la grande forêt du Libéria, puis 34 ans de voyage et de projets de développement en Asie, Amérique Latine et Europe de l'Est.
(Coll. Graveurs de mémoire, 27 euros, 326 p.)   ISBN 2-7475-6439-8

Une saga libérale en Russie
Les Evréinov, Juifs, marchands, nobles et artistes (1650-1950)
DE NIEVRE Dominique
L'histoire de la première des familles portant le nom "Evréinov "serait ordinaire si elle n'était pas frappée du sceau de l'originalité, par une

origine spécifique : juive et marchande. Cette famille traverse en Russie tous les statuts sociaux. Comment s'étonner ensuite de sa posture libérale ? La saga débute vers 1650 au cours d'une des guerres séculaires entre la Russie et la Pologne, dans le contexte tragique des premiers pogromes organisés, celle-ci se terminant à la veille de la Révolution d'Octobre durant laquelle, elle sera associée aux noms prestigieux de l'Intelligentsia russe, de Dostoïevski à Thékhov.
(Coll. Graveurs de Mémoire, 35 euros, 432 p.) ISBN 2-7475-7202-1

Une femme russe
PEROL Huguette
Née sous l'ancien régime dans une famille aisée, Galina Alexandrovna se raconte à travers la plume de l'auteur : sa petite enfance, l'arrestation de son grand-père, gouverneur de Lipetzk, fusillé en 1918, l'engagement dans l'Armée Rouge de son père ex-cadet du Tsar, l'exil de sa mère, les purges staliniennes dont son mari fut victime, la guerre. Un témoignage où les évènements tragiques alternent avec des moments de bonheur, d'humour et d'émotion.
(Coll. Graveurs de mémoire, 14 euros, 153 p.) ISBN 2-7475-7086-X

Le Chemin commence en Sibérie
EVA Alexander
L'histoire authentique d'un petit garçon déporté en Sibérie après la guerre, et qui deviendra soliste d'orchestre, assistant au prestigieux conservatoire de Moscou. Au fil des étapes qui jalonnent ce parcours peu commun, se dessine un portrait surprenant de l'Union Soviétique des années 50-70, fascinante par la diversité de ses républiques et la vie quotidienne de ses habitants. Citoyen soviétique de nationalité allemande, rattrapé au faîte de sa carrière par cette appartenance inconfortable, le trompettiste devra accepter de se plier au système ou emprunter un chemin difficile vers la liberté.
(Coll. Graveurs de Mémoire, 20.50 euros, 395 p.) ISBN 2-7475-7390-7

Sur les pas des derniers attelages
Le Trésor de la vallée de la Misère
VAREILLAS Gilbert
Quelques années après la Seconde Guerre Mondiale, dans les campagnes vallonnées d'Ile de France, la vie rurale d'autrefois continuait. Jusqu'au jour où la force tranquille des attelages a été remplacée par les tracteurs. A partir de ce qui a paru, sur le moment, une simple adaptation technique, tout a profondément changé. Vous qui voulez savoir ce que furent, ancrées dans une nature plus riche qu'aujourd'hui, des vies simples et laborieuses, leurs joies et leurs peines, ouvrez ce livre.
(Coll. Graveurs de Mémoire, 11 euros, 104 p.) ISBN 2-7475-6908-X

Un médecin de campagne peu ordinaire
Mon père, le docteur Jules Sauvy (1879-1957)
SAUVY Jean
L'auteur retrace ici la vie de son père, médecin généraliste du début du vingtième siècle. Il revient sur sa mobilisation durant la Grande Guerre et les conditions souvent très dures dans lesquelles son père exerça son métier sur le front, conditions révélées à travers la correspondance soutenue de ce dernier avec son épouse. Tout au long de sa carrière, disponible jour et nuit, il se constitue une large clientèle parmi laquelle Gide et Camus (avec lesquels il se lie d'amitié). En 1957, affaibli et ne pouvant plus exercer son métier il fait le choix de se donner la mort.
(Coll. Graveurs de mémoire, 15 euros, 138 p.) ISBN 2-7475-7235-8

Au service de l'Etat à travers la Douane
1954-1996
HOGUET Jean Henri
L'auteur revient sur ses années au service de l'Etat comme inspecteur des Douanes. Sous-Lieutenant en Algérie en 1958 et 1959, il sert dans la Légion Etrangère durant son appel sous les drapeaux. Au terme de celui-ci, il est affecté à la Direction générale des douanes à Paris où il devient un spécialiste du droit répressif et cofondateur du syndicat des cadres de douane, avant
de diriger pendant plus de quatre ans la Direction Nationale du Renseignement et des Enquêtes Douanières.
(Coll. Graveurs de Mémoire, 29 euros, 330 p.) ISBN 2-7475-7394-X

Un enseignant en Kabylie
FORTU Paul
L'auteur narre sa guerre d'Algérie dans un premier ouvrage intitulé "*Un appelé en Kabylie*", dans lequel il revient sur la dure vie d'un officier de réserve dans le somptueux paysage des montagnes berbères. Puis vient le moment de la libération des obligations militaires. Instituteur de formation, initiateur des premières écoles en zone d'insécurité, il décide avec son épouse de postuler pour un poste dans la petite ville où il a été militaire, épisode qu'il a choisit de retracer dans ce second ouvrage.
(Coll. Graveurs de mémoire, 23 euros, 272 p.) ISBN 2-7475-7422-9

Souvenirs d'une Toubiba
Algérie 1957-1963
LELOUP-COLONNA Marie-Claude
"Nous étions toujours dans l'attente d'une terrible nouvelle. Seul médecin dans ce village, il m'incombait de faire les constats médicaux légaux et les autopsies... J'étais réquisitionnée. C'était ma façon de

participer à cette guerre". Au jour le jour, au milieu des assassinats, des enlèvements, de l'insurrection, est décrite la dure condition d'une femme médecin, partagée entre le drame algérien et son attachement pour sa terre natale.
(Coll. Graveurs de mémoire, 11,50 euros, 112 p.)   *ISBN 2-7475-7308-7*

Ma famille du Sikkim
FEBVAY *Frédéric*
Le Sikkim, contrée méconnue et ignorée des voyageurs, fut longtemps considéré comme le dernier Shangri La himalayen: pays magique de la mythologie bouddhiste où règne la paix, l'absence de maladie et où quelques grains de riz suffisent à nourrir sa population. A travers le récit du séjour de l'auteur et de sa femme, petite fleur sikkimaise, celui-ci souhaite faire découvrir un pays, certes attaché à ses traditions, mais profondément tourné vers la modernité, sachant enchanter le voyageur par sa diversité culturelle, ses paysages extraordinaires.
(Coll. Graveurs de Mémoire, 15 euros, 170 p.)   *ISBN 2-7475-7527-6*

Midor LeDor (De génération en génération)
SIEKIERSKI *Denise*
Ce livre retrace l'histoire de l'auteur et des générations qui l'ont précédée. Le récit de cette saga familiale commence à Tantoura (Palestine turque) avec ses grands-parents maternels, se poursuit à Safed avec ses arrière-grands-parents, puis nous ramène en arrière vers Benjamin II, célèbre voyageur du milieu du XIXème siècle et premier maillon de "la chaîne". Fidèle à la vocation de ses ancêtres, l'auteur nous fait revivre son action dans la Résistance en France, et en particulier, sur le Plateau de Chambon-sur Lignon, puis son engagement de pionnière en Israël, avant même la naissance de l'Etat.
(Coll. Graveurs de mémoire, 23 euros, 266 p.)   *ISBN 2-7475-7641-8*

J'étais cet enfant juif polonais
1930-1945
WEXLER *Adam*
L'auteur revient sur sa vie en Pologne de 1930 à 1945, dans laquelle il mêle la grande Histoire et l'histoire quotidienne de tous ceux qui ont partagé son quotidien; les membres de sa famille, les amis, les compagnons d'infortune. Il décrit sa vie à Janowo, localité de Pologne à majorité chrétienne, la tension croissante jusqu'en 1939. Puis, le ghetto de Lodz, la vie d'une famille nombreuse où se côtoient tous les courants; religieux, bundistes, sionistes, communistes et son incessant combat pour rester en communication avec le monde extérieur. Mais bientôt le ghetto est liquidé et les survivants sont expédiés vers les camps.
(Coll. Graveurs de mémoire, 25,50 euros, 306 p.)   *ISBN 2-7475-7661-2*

628168 - Novembre 2015
Achevé d'imprimer par